Vorwort

Der Rheinische Städteatlas ist als historisch-topographisches Grundlagenwerk zur Geschichte der rheinischen Städte konzipiert. Anlage und Zielsetzung des Werkes sind ausführlich 1972 im Vorwort von Edith Ennen zur I. Lieferung sowie 2005 von Margret Wensky [RhVjbl 69 (2005), S. 275–282] dargelegt worden. Es genügt daher, hier noch einmal einige Erläuterungen herauszustellen, welche die Benutzung des Werkes erleichtern.

Aufgenommen werden alle Städte und gefreiten Orte des Landesteils Nordrhein von NRW und des Teils von Rheinland-Pfalz, der bis zum Ende des Alten Reiches zu Kurköln bzw. zum Herzogtum Jülich gehört hat; das Stichjahr für die Aufnahme ist 1961. Jede Mappe besteht aus einem Text- und einem Kartenteil. Der Text folgt einem Schema, das vergleichende Forschungen ermöglicht. In lexikalisch erfassten Daten und Fakten sowie ausführlicher formulierten Abschnitten werden umfassende Informationen zur Topographie, zur Siedlungsentwicklung, zum Verhältnis von Herrschaft und Gemeinde, zur Kirchengeschichte, zur Geschichte der Juden, zum Schul-, Kultur- und Gesundheitswesen sowie zur Wirtschafts- und Sozialgeschichte geboten. Statistiken und nun auch Diagramme und Grafiken ergänzen die Darstellung. Ebenso werden darüber hinaus Siegel zur besseren Veranschaulichung der zu erläuternden Sachverhalte abgebildet.

Der Kartenteil besteht aus in allen Mappen wiederkehrenden und aus variablen Elementen. Kernstück (Tafel 1) ist die Umzeichnung des Urkatasters aus dem frühen 19. Jh. im Maßstab 1:2500. Zur Darstellung der Entwicklung des Stadtkerns bis in die Gegenwart wird dem Urkataster der entsprechende Ausschnitt aus der aktuellen Deutschen Grundkarte (DGK 5) im Allgemeinen im Maßstab 1:2500 gegenübergestellt. Tafel 2 enthält im Maßstab 1:25000 Ausschnitte aus den Kartenwerken von Tranchot/v Müffling bzw. Le Coq aus dem frühen 19. bzw. späten 18. Jh., aus der preußischen Kartenaufnahme 1836–50 (Uraufnahme), der preußischen Kartenaufnahme 1891–1912 (Neuaufnahme), der aktuellen topographischen Karte (TK) sowie ein aktuelles Senkrechtluftbild. Diese Kartenfolge dient der Dokumentation der Siedlungsentwicklung der Städte sowie ihres Umlandes vom 19. Jh. bis zur Gegenwart. Auf Tafel 3 wird die mit dem Urkataster entstandene Gemeinde-Übersichtskarte oder eine vergleichbare Karte ediert. Die Kartenfolge wird ergänzt durch eine Auswahl älterer Karten, Pläne, Ansichten und Luftbilder. Für Städte mit bedeutender industrieller Entwicklung werden Themenkarten angeboten, welche den Stand der Stadt- und Wirtschaftsentwicklung etwa zur Zeit der Hochindustrialisierung bzw. nach dem Strukturwandel in der Gegenwart zeigen.

In dieser Lieferung sind zwei Kleinstädte (Kaster und Oedt) und eine mittelgroße Stadt (Siegburg) enthalten.

Das 1170 erstm. erw. **Oedt** gehörte zum Ausstattungsgut der Abtei (Mönchen-) Gladbach. 1313 wurde die Siedlung als *castrum nostrum Ude* bezeichnet. Spätestens ab dem 16. Jh. war das Dorf von Wassergräben umgeben, die in das Grabensystem der Burg eingebunden waren. Die Hauptsiedlungsachse im Oedter Gebiet bildete die mittelalterliche Hohe Straße, an die sich der Ort beidseitig in Form eines Straßendorfs anschloss.

Westl. des Ortskerns befindet sich die Burgruine Uda, deren Bauherr der Oedter Landesherr Dietrich Luf III. v Kleve war, welcher die Burg später als ein dynastisches Macht- und Verwaltungszentrum nutzte. Anfang/Mitte des 14. Jhs. bildete das von den Grafen Luf v Kleve errichtete Oedt eine eigenständige Landesherrschaft.

Durch den 1349 erfolgten Weiterverkauf an den Erzbischof von Köln wurde Oedt als Amt in Kurköln eingegliedert. Die nun kurkölnische Landesburg erlangte bis zum 17. Jh. ihre anhaltende Bedeutung als Grenzfestung gegen die Herzogtümer Geldern und Jülich. Im 17. Jh. erweiterte man die Siedlung mit dem Bau der Vorstadt.

In französischer Zeit fungierte die *Commune* Oedt als Verwaltungssitz einer *Mairie*, unter preußischer Herrschaft einer Bürgermeisterei. 1872 erfolgte der wichtige Anschluss an die Krefeld-Kreis-Kempener-Industriebahn, 1896 dann an das preußische Eisenbahnnetz.

Das die Ortsentwicklung bestimmende siedlungsgeschichtliche Element des 19. Jhs. bildete die 1879 gegr. Textilfirma Girmes, welche die Industrialisierung stark vorantrieb. Die Nachkriegszeit brachte einen nochmaligen Bevölkerungsanstieg auf über 5.000 Einwohner bis 1961, der auch durch den Zuzug von Vertriebenen bedingt war. 1970 wurde Oedt im Zuge der kommunalen Neueinteilung der Gemeinde Grefrath eingegliedert.

Im Mittelalter führte durch **Kaster** die wichtige Handelsstraße von Brabant an den Rhein, die von Antwerpen über Roermond-Erkelenz verlief und über Brauweiler nach Köln weiterging. Die Herren der an einem Erftübergang gelegenen Burg Kaster wurden erstm. 1148 erw., deren Stammsitz diese Burg war. Diese diente seit 1263, nach der Übernahme Kasters durch Jülich als Grenzfeste gegenüber dem kurkölnischen Territorium. Von den meisten niederrhein. Burgen unterscheidet sie sich, weil sie auf einem natürlichen Hügel angelegt wurde. Nach der Zerstörung durch Brand wurde ab 1553 die Burg unter Alessandro Pasqualini wieder aufgebaut.

Die Burgsiedlung fungierte als Keimzelle der Stadt. Als der Ort 1336 erstm. als *opidum* bezeichnet wurde, war der Stadtwerdungsprozess noch nicht ganz abgeschlossen. Eine den Ort umschließende Mauer ist erst für Ende des 14./ Anfang des 15. Jhs. nachweisbar. Die Stadtwerdung hing eng mit der fortifikatorischen und administrativen Bedeutung der Burg und deren Nutzung als Aufenthaltsort der Witwen der jülichschen Dynasten im 14. Jh. zusammen. Ende des 14./Anfang des 15. Jhs. wählten die Herzöge v Jülich Kaster zu einer bevorzugten Residenz.

Kaster wurde 1800 *Mairie* und 1816 Bürgermeisterei. Nachhaltig veränderte sich das unmittelbare Umland der Stadt ab den 1920er Jahren durch den Braunkohletagebau. 1954 wurde lediglich der Stadtkern Kasters davon ausgenommen. Ab 1959 entstanden zunächst südl. und westl. der mittelalterlich-frühneuzeitlichen Ortslage die Umsiedlungsstandorte für Epprath und Morken-Harff. Heute ist Kaster ein von der Bausubstanz des 17. und 18. Jhs. geprägter Ort und vermag viele Touristen anzuziehen.

Als der Kölner Erzbischof Anno II. um 1064 nach dem Sieg über den lothringischen Pfalzgrafen Heinrich auf einem Basalttuffkegel vulkanischen Ursprungs am Übergang des Bergischen Landes in die niederrhein. Tiefebene anstelle der strategisch günstig gelegenen pfalzgräflichen Burg eine Benediktinerabtei gründete, bestand am Fuße dieser 118 m hohen Erhebung, zunächst Siegberg, dann Michaelsberg genannt, bereits eine kleine Siedlung – das nachmalige **Siegburg**. Der Benediktinerkonvent entwickelte sich zu einem Musterkloster des Rheinlandes. Die Siegburger Klosterreform strahlte weit über die Stadt an der Sieg hinaus.

1069 nahm König Heinrich IV. auf Bitten des Kölner Erzbischofs Anno II. die von diesem gegründete Abtei mit ihrem Markt-, Zoll- und Münzrecht sowie mit ihren Besitzungen in seinen Schutz. Siegburg ist demnach die erste urkundlich bezeugte Marktgründung eines Kölner Erzbischofs. 1071 wurde der Abtei zum Schutz des Marktes ein Friedensbannbezirk verliehen, aus dem sich der Burgbann entwickelte.

Vor 1125 ging die Vogtei über die Stadt Siegburg auf die Grafen v Berg über, die in der Folgezeit stets bestrebt waren, diese Machtstellung zur Landesherrschaft über das gesamte abteiliche Territorium auszubauen.

Seit Anfang des 12. Jhs. entwickelten sich Siedlung und Stadt Siegburg auf dem Grund und Boden und in großer Abhängigkeit von der Abtei. Siegburg gehörte somit zum im Rheinland relativ seltenen Typ der Abteistadt, deren wesentliche topographische Keimzelle eine Abtei und deren Stadtherr der Abt war.

1240 wurde das *castrum Sigburgense*, das sich zu diesem Zeitpunkt im Besitz des Grafen Heinrich IV. v Berg aus dem Hause Limburg befand, erstm. erw. 1220–40 entstand zusammen mit den vier Toren die Stadtmauer, welche sich halbkreisförmig um die Siedlung legte.

Siegburg lag in der Nähe wichtiger Fernstraßen und der lange schiffbaren Sieg.

Insb. der Markt kann als Kristallisationspunkt der Siedlungsentwicklung gelten. Die Stadtwerdung zwischen 1125 und 1181/82 verlieh der wirtschaftlichen Entwicklung eine neue Dynamik, wobei die nach der Heiligsprechung des Erzbischofs Anno 1183/86 einsetzenden Wallfahrten zu seinem Grab auf dem Michaelsberg dem Aufschwung weitere Impulse gaben.

Darüber hinaus fungierte Siegburg als Produzent von Steinzeug und Wolle bzw. Tüchern für den überregionalen und internationalen Markt. Sehr wichtig war das Töpfergewerbe. Siegburg galt im Mittelalter als sehr wichtiger Töpferplatz. In der Blütezeit des Töpferhandwerks in der zweiten Hälfte des 16. Jhs. wurden neben der Massenware qualitätvolle Kunsthandwerksprodukte in großer Formenvielfalt aus fast weißem Ton hergestellt.

Die kriegerischen Ereignisse seit Ende des 16. Jhs. leiteten den Niedergang der Stadt ein. Die meisten Töpfer verließen Siegburg, womit die Stadt ihre Vorzeigebranche verlor. Die Stadtentwicklung stagnierte bis zur Mitte des 19. Jhs.

Als das Kloster an den preußischen Staat übergegangen war, wurden die Abteigebäude als Kaserne, Lateinschule, Provinzial-Irrenanstalt (1825–78) und bis 1914 als Gefängnis bzw. Zuchthaus, danach 1914–18 als Lazarett genutzt. 1914 gelang, nachdem die Stadt den Michaelsberg angekauft hatte, die Wiederansiedlung von Benediktinermönchen.

Auch nachdem Siegburg 1816 als Hauptort des gleichnamigen Kreises, 1825 des Siegkreises eine gewisse zentralörtliche Funktion gewann, blieb diese ebenso zunächst ohne größere Auswirkungen auf die topographische Entwicklung der historischen Stadt wie in den 1840er Jahren die Ansiedlung einer Kattunfabrik. Erst der Eisenbahnbau ab 1859 setzte einen Strukturwandel in Gang, in dessen Verlauf sich Siegburg zu einem Verkehrsknotenpunkt entwickelte. In den 1880er-Jahren bestanden Gerbereien, Dachziegeleien und eine Tonwarenfabrik sowie die Niederlassung einer Zigarrenfabrik. Entscheidend für die Entwicklung zur Industriestadt war die Ansiedlung der Geschossfabrik 1875 und des Feuerwerkslaboratoriums 1893, für die der Eisenbahnbau ab 1859 günstige Bedingungen geschaffen hatte. 1911 gründete man das Siegwerk Chemisches Laboratorium (späteres Siegwerk), heute einer der weltweit größten Hersteller von Druckfarben.

1969 wurde Siegburg Kreisstadt im neuen Rhein-Sieg-Kreis, der aus dem alten Landkreisen Bonn und dem Siegkreis gebildet wurde.

Die Atlas-Redaktion dankt allen Institutionen (Archive, Bibliotheken, Geobasis NRW, Kataster- und Vermessungsämter, Universitäten), ohne deren Hilfe diese Lieferung nicht hätte erscheinen können. Ein besonderer Dank gilt den Autorinnen und Autoren, welche die Texte erarbeitet haben.

Bonn, im März 2017
LVR-Institut für Landeskunde und Regionalgeschichte

Stichwortschema

Kopf
Name nach dem aktuellen Amtlichen Verzeichnis der Gemeinden in Nordrhein-Westfalen bzw. Rheinland-Pfalz. Aufgenommen werden mit Stand 1961 (vor den 1975 abgeschlossenen kommunalen Gebietsreformen) alle Städte, ehemaligen Städte und gefreiten Orte (Freiheiten, Flecken, Täler usw.); entscheidend ist der nachweisbare städtische bzw. gefreite Rechtscharakter des Ortes bis 1961

I Siedlung
1 Geographische Lage und Verkehrsanbindung
2 Bodenfunde in der Gemarkung
3 Erste Erwähnung und alle folgenden Namenbelege (im allg. bis 1200 bzw. 1300), für die jüngere Zeit nur die in der Namenentwicklung abweichenden Belege. Fälschungen und kopiale Überlieferungen werden als solche gekennzeichnet
4 Bezeichnung der Siedlung
5 Bezeichnung der Siedlungsbewohner
6 Wüst gewordene Nachbarsiedlungen (innerhalb der Gemarkung)
7 Ortsteile, Gebietsveränderungen, Eingemeindungen
8 Gemarkungsgröße 1885-1975
9 Flurnamen (im allg. bis 1300 bzw. 1500)

II Topographie
1 Burg
2 Siedlungsentwicklung, Befestigung, Brände
3 Tore
4 Türme
5 Straßen, Plätze, Gebäude
6 Rechtsdenkmäler
7 Größe des umwehrten Areals in ha (N-S und W-O-Ausdehnung)

III Herrschaft und Gemeinde
1 Grund- und Gerichtsherrschaft, Weistümer, Amtsträger und Bedienstete
2 Markt, Zoll, Münze, Bede und Akzise
3 Stadtrechtsverleihung bzw. Freiung, Privilegierungen
4 Stadtgericht (Bannmeile, Außenbürger)
5 Schöffen- und Stadtsiegel, Wappen
6 Gemeinde, Bürgermeister und Rat
7 Bruderschaften und Zünfte
8 Wehrwesen (Schützen)
9 Stellung im Territorium

IV Kirche, Schule, Kultur und Gesundheitswesen
1 Erste Erwähnung der Kirche bzw. des Geistlichen. Bei Orten ohne Kirche Angabe der zuständigen Pfarre, Erwähnung im Liber Valoris. Geschichte des Kirchenbaus
2 Patrozinium und Altäre, Kirmes- bzw. Kirchweihtermine
3 Patronats- und Zehntherr
4 Pfarrbezirk und Filialen, Bistums- und Dekanatszugehörigkeit
5 Klöster und Stifte
6 Hospitäler und Krankenhäuser, Ärzte und Apotheker, Armenwesen
7 Wallfahrten
8 Juden, Synagoge, Friedhof, Privilegierung
9 Einführung der Reformation, Evangelische Gemeinde
10 Konfessionszahlen
11 Schulen und Bildungseinrichtungen

V Wirtschafts- und Sozialstruktur, Statistik
1 Einwohner- und Häuserzahlen
2 Agrarwirtschaft
3 Bergbau
4 Gewerbe und Industrie (auch Druckereien und Zeitungen)
5 Wirtschaftliche und soziale Gesamtentwicklung
6 Maße und Gewichte

VI Quellen und Literatur
1 Wichtige ungedruckte Quellen
2 Wichtige gedruckte Quellen
3 Wichtige Literatur

Gekürzt zitierte Quellenpublikationen und Literatur/Statistische Handbücher

Adelmann, G. (Hg.), Der gewerblich-industrielle Zustand der Rheinprovinz im Jahre 1836, Bonn 1967. Zit.: Adelmann

Bär, M., Die Behördenverfassung der Rheinprovinz seit 1815, Bonn 1919. Zit.: Bär, Behördenverfassung

Below, G. v., Landtagsakten von Jülich-Berg 1400–1610, 2 Bde., Düsseldorf 1895–1907. Zit.: Below

Binterim, A. J./Mooren, J. H., Die alte und neue Erzdiözese Köln in Dekanate eingetheilt..., 1. Aufl., 4 Bde., Mainz 1828–30, 2. Aufl., bearb. v. A. Mooren, 2 Bde., Düsseldorf 1892–93. Zit.: Binterim/Mooren

Bruns, F./Weczerka, H. (Bearb.), Hansische Handelsstraßen, Köln/Graz 1962–68. Zit.: Bruns/Weczerka

Dehio, G., Handbuch der deutschen Kunstdenkmäler. Nordrhein-Westfalen I: Rheinland, München/Berlin 2005. Zit.: Dehio NRW I

Diederich, T., Rheinische Städtesiegel, Neuss 1984. Zit.: Diederich, Städtesiegel

Ennen, L./Eckertz, G. (Hg.), Quellen zur Geschichte der Stadt Köln, 6 Bde., Köln 1860–79. Zit.: UB Köln

Ewald, W., Rheinische Siegel, Bd. 3, Die Siegel der rheinischen Städte und Gerichte, Bonn 1931. Zit.: Rhein. Siegel III

Fabricius, W., Erläuterungen zum geschichtlichen Atlas der Rheinprovinz, Bd. 2, Die Karte von 1789, Bonn 1898; Bd. 5, Die beiden Karten der kirchlichen Organisation 1450 und 1610, 1. Hälfte, Bonn 1909. Zit.: Fabricius II, V 1

Germania Judaica, 3 Bde. in 6 Teilen, Tübingen 1963–2003. Zit.: Germania Judaica

Goerz, A. (Bearb.), Mittelrheinische Regesten, 4 Bde., Koblenz 1876–86. Zit.: MrhR

Günther, W., Codex diplomaticus Rheno-Mosellanus. Urkundensammlung zur Geschichte der Rhein- und Mosellande, der Nahe- und Ahrgegend ... und der Eifel, 5 Bde., Koblenz 1822–26. Zit.: CDRhM

Hagen, J., Erläuterungen zum geschichtlichen Atlas der Rheinprovinz, Bd. 8, Römerstraßen der Rheinprovinz, 2. Aufl., Bonn 1931. Zit.: Hagen, Römerstraßen

Hansen, J. (Hg.), Quellen zur Geschichte des Rheinlandes im Zeitalter der Französischen Revolution 1780–1801, 4 Bde., Bonn 1931–38. Zit.: Hansen

Hansisches Urkundenbuch, hg. v. K. Höhlbaum [u. a.], 11 Bde., Halle/Weimar 1876–1939. Zit.: HUB

Höhlbaum, K. (Bearb.), Kölner Inventar, 2 Bde., Leipzig 1896–1903. Zit.: Höhlbaum, Kölner Inventar

Ilgen, Th. (Bearb.), Quellen zur inneren Geschichte der rheinischen Territorien. Herzogtum Kleve, 3 Bde., Bonn 1921–25. Zit.: Ilgen

Joerres, P. (Hg.), Urkunden-Buch des Stiftes St. Gereon zu Köln, Bonn1893. Zit.: UB Gereon

Kastner, D. (Bearb.), Der Rheinische Provinziallandtag und die Emanzipation der Juden im Rheinland 1825–45, 2 Teile, Köln/Bonn 1989. Zit.: Kastner, Provinziallandtag

Kelleter, H. (Bearb.), Urkundenbuch des Stiftes Kaiserswerth, Bonn 1904. Zit.: UB Kaiserswerth

Keussen siehe Matrikel der Universität Köln

Kistenich, J., Bettelmönche im öffentlichen Schulwesen. Ein Handbuch für die Erzdiözese Köln 1600 bis 1850, 2 Bde., Köln [u. a.] 2001. Zit.: Kistenich, Bettelmönche

Kleve-Mark Urkunden 1223–1368. Regesten des Bestandes Kleve-Mark Urkunden im Nordrhein-Westfälischen Hauptstaatsarchiv in Düsseldorf, bearb. v. W. R. Schleidgen, Siegburg 1983, dass. 1368–1394, bearb. v. W. R. Schleidgen, Siegburg 1986, dass. 1394–1416, bearb. v. H. Preuss, Siegburg 2003. Zit.: Kleve-Mark Urk

Klever Urbar siehe Oediger, Das Einkünfteverzeichnis

Kötzschke, R. (Hg.), Rheinische Urbare II–IV. Die Urbare der Abtei Werden a. d. Ruhr, 3 Bde. in 4 Teilen, Bonn 1906–58. Zit.: Urbare Werden

Kubach, H. E./Verbeek, A., Romanische Baukunst an Rhein und Maas, 4 Bde., Berlin 1976–89. Zit.: Kubach/Verbeek

Küch, F. (Hg.), Landtagsakten von Jülich Berg, 2. Reihe: 1624–1653, Bd. 1, Düsseldorf 1924. Zit.: Küch, Landtagsakten I

Kuske, B. (Hg.), Quellen zur Geschichte des Kölner Handels und Verkehrs, 4 Bde., Bonn 1917–34. Zit.: Kuske

Lacomblet, Th. J. (Hg.), Archiv für die Geschichte des Niederrheins, Bd. 1–5, Düsseldorf 1831–65, Bd. 6–7 fortges. v. W. Harless, Köln 1867–69. Zit.: Lac Arch

–, Urkundenbuch für die Geschichte des Niederrheins, 4 Bde., Düsseldorf 1840–58. Zit.: NrhUB

Liber Valoris siehe Oediger, Der Liber Valoris

Die Matrikel der Universität Köln, 7 Bde., hg. v. H. Keussen [u. a.], Bonn 1919–31, Düsseldorf 1981. Zit.: Matrikel Univ. Köln

Meuthen, E. (Bearb.), Aachener Urkunden 1101–1250, Bonn 1972. Zit.: UB Aachen

Mosler, H. (Bearb.), Urkundenbuch der Abtei Altenberg, 2 Bde., Bonn 1912/Düsseldorf 1955. Zit.: UB Altenberg I, II

Nagel, R., Rheinisches Wappenbuch, Köln/Bonn 1986. Zit.: Nagel, Wappenbuch

Nijhoff, I. A., Gedenkwaardigheden uit de Geschiedenis van Gelderland, 6 Bde., Arnhem 1830–75. Zit.: Nijhoff

Nordrheinisches Klosterbuch, hg. von M. Groten [u. a.], T. 1 u. 2., Siegburg 2009–2012. Zit.: Nordrh. Klosterbuch

Oediger, F. W. (Hg.), Das Einkünfteverzeichnis des Grafen Dietrich IX. von 1319 und drei kleinere Verzeichnisse des. rechtsrheinischen Bereichs, 2 Teile, Düsseldorf 1982. Zit.: Klever Urbar

– (Bearb.), Die Kirchen des Archidiakonates Xanten, Bonn 1969. Zit.: Oediger, Archidiakonat

– (Hg.), Der Liber Valoris, Bonn 1967. Zit.: Liber Valoris

Oorkondenboek van Gelre en Zutphen tot 1326, hg. v. E. J. Harenberg [u. a.], Aflevering 1–8, ‚s-Gravenhage 1980–2003. Zit.: OBGZ

Pracht-Jörns, E., Jüdisches Kulturerbe in Nordrhein-Westfalen, T. 1: Regierungsbezirk Köln, T. 2: Regierungsbezirk Düsseldorf, Köln 1997/2000. Zit.: Pracht-Jörns, Jüd. Kulturerbe

Redlich, O. R., Jülich-Bergische Kirchenpolitik am Ausgange des Mittelalters und in der Reformationszeit, 2 Bde., Bonn 1907–15. Zit.: Redlich

Die Regesten der Erzbischöfe von Köln im Mittelalter, Bd. 1 bearb. v. F. W. Oediger, Bonn 1954–61, Bd. 2 u. 3 bearb. v. R. Knipping, Bonn 1901–13, Bd. 4 bearb. v. W. Kisky, Bonn 1915, Bd. 5–7 bearb. v. W. Janssen, Köln/Bonn 1973–77, Düsseldorf 1982, Bd. 8–12 bearb. v. N. Andernach, Düsseldorf 1981–2001. Zit.: REK

Regesten der Reichsstadt Aachen, Bd. 1 u. 2 bearb. v. M. Mummenhoff, Bonn 1961/Köln 1937, Bd. 3–7 bearb. v. T. R. Kraus, Düsseldorf 1999–2012. Zit.: RRA

Reichert, W., Lombarden in der Germania-Romania. Atlas und Dokumentation, 2 Teile, Trier 2003. Zit.: Reichert, Lombarden

Rheinisches Urkundenbuch. Ältere Urkunden bis 1100, Bd. 1 u. 2 bearb. v. E. Wisplinghoff, Bonn 1972/Düsseldorf 1994. Zit.: RhUB

Rosenkranz, A., Das Evangelische Rheinland, 2 Bde., Düsseldorf 1956–58. Zit.: Rosenkranz

Schieder, W. (Hg.), Säkularisation und Mediatisierung in den vier rheinischen Departements 1803–1813, T II, 1 u. 2: Rhein-Mosel-Departement, Teil V, 1 u. 2: Roer-Departement, Boppard a. Rhein 1991. Zit.: Schieder

Scholz-Babisch, M. (Hg.), Quellen zur Geschichte des klevischen Rheinzollwesens vom 11. bis 18. Jahrhundert, 2 Bde., Wiesbaden 1971. Zit.: Scholz-Babisch

Sloet, L.A.J.W, Oorkondenboek der graafschappen Gelre en Zutphen tot op den slag van Worringen, 5. Juni 1288, 2 Teile, Den Haag 1872–76. Zit.: Sloet

Torsy, J. (Bearb.), Die Weihehandlungen der Kölner Erzbischöfe 1661–1840, Düsseldorf 1969. Zit.: Torsy, Weihehandlungen

Urbare Werden siehe Kötzschke

Urkunden und Regesten zur Geschichte der Rheinlande aus dem Vatikanischen Archiv, Bd. 1–5 bearb. v. H. V. Sauerland, Bd. 6–7 hg. v. H. Timme, Bonn 1903–13. Zit.: Sauerland

Urkunden und Regesten des Stiftes Monterberg-Kleve siehe Gorissen

Urkundenbuch Aachen siehe Meuthen

Urkundenbuch Altenberg siehe Mosler

Urkundenbuch Gereon siehe Joerres

Urkundenbuch Kaiserswerth siehe Kelleter

Urkundenbuch Köln siehe Ennen/Eckertz

Urkundenbuch Siegburg siehe Wisplinghoff

Urkundenbuch Xanten siehe Weiler

Urkundenbuch zur Geschichte der jetzt die Preußischen Regierungsbezirke Coblenz und Trier bildenden mittelrheinischen Territorien, Bd. 1 bearb. v. H. Beyer, Bd. 2 bearb. v. H. Beyer [u. a.], Bd. 3 bearb. v. L. Eltester/A. Goerz, Koblenz 1860–78. Zit.: MrhUB

Weiler, P. (Bearb.), Urkundenbuch des Stifts Xanten, Bd. 1, Bonn 1935. Zit.: UB Xanten

Wisplinghoff, E. (Bearb.), Urkunden und Quellen zur Geschichte von Stadt und Abtei Siegburg 948–1587, 2 Bde., Siegburg 1964/85. Zit.: UB Siegburg

–, siehe Rheinisches Urkundenbuch

Handbuch der für die Königl. Preuß. Rheinprovinzen verkündigten Gesetze ... aus der Zeit der Fremdherrschaft, hg. v. A. v. Daniels, 8 Bde., Köln 1833–41. Zit.: Daniels

Der Regierungs-Bezirk Coblenz 1817

Beschreibung des Regierungsbezirkes Düsseldorf 1817

Übersicht der Gebiets-Eintheilung des Regierungs-Bezirks Köln 1817

Beschreibung des Regierungs-Bezirks Cleve 1818 und 1821

Topographisch-statistische Uebersicht des Regierungs-Bezirkes Aachen 1820

Neues topographisch-statistisch-geographisches Wörterbuch des Preußischen Staates, hg. v. L. Krug/A. A. Mützell, Bd. 5 u. 6, Halle 1823–25. Zit.: Krug/Mützell

Restorff, F. v., Topographisch-Statistische Beschreibung der Königlich Preußischen Rheinprovinzen, Berlin/Stettin 1830. Zit.: Restorff

Statistik und Topographie des Regierungs-Bezirks Düsseldorf, hg. v. J. G. v. Viebahn, 2 Bde., Düsseldorf 1836. Zit.: Viebahn

Topographisch-statistische Uebersicht des Regierungs-Bezirks Coblenz, Koblenz 1843

Uebersicht der Bestandtheile und Verzeichniß saemmtlicher Ortschaften und einzeln liegenden benannten Grundstuecke des Regierungs-Bezirks Cöln [1843]

Tabellen und amtliche Nachrichten über den Preußischen Staat für das Jahr 1849 (Gewerbe-Tabellen für 1849 und 1852), Berlin 1854

Statistik des Regierungs-Bezirkes Düsseldorf, hg. v. O. v. Mülmann, 2 Bde., Iserlohn 1864–67. Zit.: Mülmann

Die Gemeinden und Gutsbezirke der Rheinprovinz und ihre Bevölkerung, Berlin 1874 (= Zahlen 1871)

Gemeindelexikon für die Provinz Rheinland, Berlin 1888 (= Zahlen 1885)

Gemeindelexikon für die Provinz Rheinland, Berlin 1897 (= Zahlen 1895)

Gemeindelexikon für das Königreich Preußen, H. 12: Rheinprovinz, Berlin 1909 (= Zahlen 1905)

Gemeindelexikon für den Freistaat Preußen, Bd. 13: Rheinprovinz, Berlin 1930 (= Zahlen 1925)

Gemeindeverzeichnis des Landes Nordrhein-Westfalen, Bonn 1947 (= Zahlen 1946, Ew-Zahlen 1939)

Gemeindestatistik des Landes Nordrhein-Westfalen, Düsseldorf 1952 (= Zahlen 1950, 1949/50, Ew-Zahlen 1939 und 1946)

Amtliches Verzeichnis der Gemeinden und Wohnplätze (Ortschaften) in Nordrhein-Westfalen, Düsseldorf 1962

Amtliches Verzeichnis der Gemeinden und Wohnplätze (Ortschaften) in Nordrhein-Westfalen 1970, Bevölkerung und Erwerbstätigkeit, Düsseldorf 1973

Bevölkerung, Privathaushalte und Erwerbstätige. Gemeindeergebnisse der Volkszählung. Sonderreihe zur Volkszählung 1987 in Nordrhein-Westfalen, Bd. 1.1, Düsseldorf 1989

Die Bevölkerung der Gemeinden in Rheinland-Pfalz 1815 bis 1980, Bad Ems 1982

Amtliches Gemeindeverzeichnis von Rheinland-Pfalz, Bad Ems 1962

Gemeindestatistik von Rheinland-Pfalz 1970, T. 2: Bevölkerung und Erwerbstätigkeit 1970, Bad Ems 1973

Gemeindestatistik Rheinland-Pfalz. Volks- und Berufszählung 1987, Bad Ems 1989

Gemeindestatistik Rheinland-Pfalz. Gebäude- und Wohnungszählung 1987, Bad Ems 1989

Gemeindestatistik Rheinland-Pfalz. Arbeitsstättenzählung 1987, Bad Ems 1989

Der Viehstand in den Gemeinden und Gutsbezirken der Provinz Rheinland, 1873 (= Viehzahlen 1873)

Viehstands- und Obstbaumlexikon vom Jahre 1900 für den preußischen Staat, H. 12, Berlin 1903 (= Viehzahlen 1900)

Gemeindelexikon über den Viehstand und den Obstbau für den Preußischen Staat, H. 12, Berlin 1915 (= Viehzahlen 1912/13)

Handbuch des Bistums Aachen, 3. Ausg., Aachen 1994

Handbuch des Bistums Essen, 2. Ausg., 2 Bde., Essen 1974

Handbuch des Erzbistums Köln, 26. Ausg., 2. Bde., Köln 1966

Das Bistum Münster, 3 Bde., Münster 1993

Handbuch des Bistums Trier, 22. Ausg., Trier 1991

Abkürzungen/Siglen

A	Anfang
AEKR	Archiv der Evangelischen Kirche im Rheinland
AHVN	Annalen des Historischen Vereins für den Niederrhein
Akt	Akte(n)
BAM	Bistumsarchiv Münster
Bd./Bde.	Band/Bände
BDA	Bischöfliches Diözesanarchiv Aachen
berg.	bergisch
bes.	besonders
Bf/Bfe	Bischof/Bischöfe
Bgm	Bürgermeister(ei)
BJb	Bonner Jahrbücher
Bl./Bll.	Blatt/Blätter
BMV	Beata Maria Virgo/Beatae Mariae Virginis
CDRhM	Wilhelm Günther (Bearb.): Codex diplomaticus Rheno-Mosellanus, 5 Bde., Koblenz 1822–26
DJb	Düsseldorfer Jahrbuch
E	Ende
Eb/Ebe	Erzbischof/Erzbischöfe
Ebtm.	Erzbistum
ehem.	Ehemalig/ehemals
erstm.	erstmals
Erw./erw.	Erwähnung/erwähnt
Ev./ev.	Evangelische/evangelisch
Ew	Einwohner
F	Fälschung
Fa.	Firma
Frf/Frh	Freifrau/-herr
FS	Festschrift
GAA	Gelders Archief Arnhem
gegr.	gegründet
Gem.	Gemeinde
gen.	genannt
Gf/Gfn/Gff	Graf/Gräfin/Grafen
Gft	Grafschaft
Ghzt	Großherzogtum
GiK	Geschichte in Köln. Zeitschrift für Stadt- und Regionalgeschichte
got.	gotisch
GStA PK	Geheimes Staatsarchiv Preußischer Kulturbesitz
H	Hälfte
H.	Heft
HAEK	Historisches Archiv des Erzbistums Köln
HAStK	Historisches Archiv der Stadt Köln
Hg./hg.	Herausgeber/herausgegeben
HJb	Heimatjahrbuch
HK	Heimatkalender
Hl./hl.	Heilige(r)/heilig
Hs/Hss	Haus, Häuser
Hs.	Handschrift(en)
HUB	Hansisches Urkundenbuch
Hz(n)(t)	Herzog(in)/Herzogtum
i.d.R.	in der Regel
i.H.	In Höhe
insb.	insbesondere
Jb	Jahrbuch
JB	Jülich-Berg [Bestand im LAV NRW R]
Jh(e, n, s)	Jahrhundert(e, n, s)
Kath./kath.	Katholiken/katholisch
Kf(t)	Kurfürst(entum)
Kg(n)	König(in)
Kk	Kurköln [Bestand im LAV NRW R]
Kl./Kll.	Kloster/Klöster
KM	Kleve-Mark [Bestand im LAV NRW R]
Kop	kopiale Überlieferung
Kra	Kreisarchiv
Kr.	Kreis
Ks	Kaiser
Ksp	Kirchspiel(e)
LA	Landratsamt
Lac Arch	Lacomblet: Archiv für die Geschichte des Niederrheins
LAV NRW R	Landesarchiv NRW, Abteilung Rheinland
LAV NRW W	Landesarchiv NRW, Abteilung Westfalen
LHAK	Landeshauptarchiv Koblenz
L(l)uth	Lutheraner, lutherisch
M	Mitte
m	Meter
Mg	Morgen [Flächenmaß]
Mitt.StaK	Mitteilungen aus dem Stadtarchiv Köln
Mkgf	Markgraf
MrhR	Adam Goerz: Mittelrheinische Regesten oder chronologische Zusammenstellung des Quellenmaterials für die Geschichte der Territorien der beiden Regierungsbezirke Koblenz u. Trier in kurzen Auszügen, Bd. 1–4, Koblenz 1876–86 (ND Aalen 1974)
MrhUB	Heinrich Beyer/Leopold Eltester (Bearb.): Urkundenbuch zur Geschichte der [...] mittelrhein. Territorien, Bd. 1–2, Koblenz 1860–65. – Bd. 3 hg. von Adam Goerz, Koblenz 1874
N, nördl.	Norden, nördlich
NrhUB	Theodor Joseph Lacomblet: Urkundenbuch für die Geschichte des Niederrheins oder des Erzstifts Köln, der Fürstentümer Jülich und Berg, Geldern, Moers, Kleve und Mark, und der Reichsstifte Elten, Essen und Werden, Bd. 1–4, Essen 1840–58
O, östl.	Osten, östlich
OBGZ	Oorkondenboek van Gelre en Zutphen 1148 tot 1326. s'-Gravenhage (ND Nijhoff, 1980)
p.a.	jährlich
Pfa	Pfarrarchiv
Pfgf	Pfalzgraf
RA	Rijksarchief
Reform.	Reformierte(r)
REK	Regesten der Erzbischöfe von Köln. Bd. 1–12. Bonn/Düsseldorf 1901–2001
rhein.	rheinisch
RhUB	Erich Wisplinghoff (Bearb.): Rheinisches Urkundenbuch. Ältere Urkunden bis 1100, 1. Bd.: Aachen – Deutz. Bonn 1972 (ND: Düsseldorf 1995). – DERS. (Bearb.)/Wolf-Rüdiger Schleidgen in Verbindung mit Norbert Andernach u.a. (Red.), Bd. 2: Elten – Köln, S. Ursula. Düsseldorf 1994
RhVjbl	Rheinische Vierteljahrsblätter
RI	Regesta Imperii
RKG	Reichskammergericht
rom.	romanisch
RRA	Regesten der Reichsstadt Aachen
Rtl.	Reichstaler
RuH	Repertorium und Handschrift/Repertorien und Handschriften
S, südl.	Süden, südlich
Slg.	Sammlung
sog.	sogenannt
Sta	Stadtarchiv
Str.	Straße(n)
Tlr.	Taler
UB	Urkundenbuch
Urk(k)/urkl.	Urkunde(n)/urkundlich
urspr.	ursprünglich
vermutl.	Vermutlich
v	von
VB	Verwaltungsbericht(e)
W, westl.	Westen, westlich
wahrsch.	wahrscheinlich
WDZ	Westdeutsche Zeitschrift für Geschichte und Kunst
WUB	Westfälisches Urkundenbuch
ZAGV	Zeitschrift des Aachener Geschichtsvereins
ZBGV	Zeitschrift des Bergischen Geschichtsvereins
z.T.	zum Teil

- [Jahr/Datum in eckigen Klammern]: Bei undatierten Urkunden bzw. Quellen ist dies das indirekt erschlossene Jahr.
- Hinweise im Text auf entsprechende Tafeln des Kartenteils werden mit → gekennzeichnet [→ Taf. II,2]

KASTER (Bedburg-, Rhein-Erft-Kreis)

I Siedlung

I, 1 Geographische Lage

K liegt in der Niederrhein. Bucht im unteren Mittelerft- u. Erftmündungstal, welches westl. von den flachwelligen Terrassenplatten der Jülicher Börde u. östl. von den Neurather Löhöhen des Villerückens begrenzt wird. Der Ortskern von Alt-K liegt südwestl. der Mühlenerft auf einer Höhe von ca. 59–60 m ü. NN.

I, 1 Verkehrsanbindung

I, 1 Straßen

Archäologische Funde, die in der Römerzeit auf einen Anschluss von K an die Str.verbindung von Zülpich nach Neuss schließen lassen, fehlen ebenso wie solche, die auf eine damalige Besiedlung des späteren Ortskerns hindeuten könnten [→ I,2; vgl. dagegen Kirchhoff: Bedburg, S. 23]. Im Mittelalter führte durch K die wichtige Handelsstr. von Brabant an den Rhein, die von Antwerpen über Roermond-Erkelenz verlief, bei Tollhaus die Erft überquerte u. über Brauweiler-Bocklemünd nach Köln weiterging. Sie ist um 1520 im K.er Weistum ebenso erw. wie die von Grevenbroich über Bergheim-Zieverich nach Zülpich verlaufene Str. Außerdem passierte die Stadt die Str. von Neuss nach Jülich. Diese verkehrsgünstige Lage trug u. a. dazu bei, dass K vom 14.–16. Jh. zu einer Residenzstadt u. einem Verwaltungsmittelpunkt des Hzt Jülich bzw. Jülich-Berg wurde [LAV NRW R: Hauptgericht Jülich 1928, fol. 93v; Bruns/Weczerka, S. 425 mit Karten 16, 17, 24; Bers: K, S. 10; Andermahr: K, S. 63, 230; Rhein. Städteatlas XIX Nr. 96: Bedburg, 2013, I,1].

um 1686 Weg von K nach Bedburg [Rhein. Städteatlas XIX Nr. 96: Bedburg, 2013, I,1 u. ebd. → Tafel 4] = 1821 Weg von K über Lipp nach Bedburg [→ Tafel 1, → Grundriss; → Tafel 4, Bgm K]

um 1755 Str. von Köln nach Düsseldorf führt über die Erft durch K [→ Tafel 7]

1821 Weg von Millendorf nach K [→ Tafel 1, → Grundriss; → Tafel 4, Bgm K]

1821 Weg von K nach Zollhaus, davon bei Zollhaus abgehend Weg nach Köln [→ Tafel 1, → Grundriss; → Tafel 4, Bgm K]

1821 Weg von Pütz nach K, Steinweg [→ Tafel 4, Bgm K; vgl. auch → Tafel 1, → Grundriss]

1821 Weg von Troisdorf nach K [→ Tafel 4, Bgm K]

1861 Ausbau des Lipp-Troisdorfer Wegs 2. Klasse [Stat. Darstellung (1863), S. 62]

heute Anschluss an die A 61 [→ Tafel 3]

I, 1 Eisenbahn

Beim Bau der Eisenbahnlinie Düren-Neuss 1865 erhielt K keine Haltestelle, sondern das kleinere, 1,5 km entfernt gelegene Harff [vgl. → Tafel 3, → TK 1893]. 1971 Einrichtung eines Haltepunkts in K. Die Einrichtungskosten übernahm Rheinbraun, die Unterhaltungskosten die Stadt K. 1976 wurde der Haltepunkt wegen der Verlegung der Eisenbahnlinie (Strecke Gustorf-Bedburg) im Zusammenhang mit dem Braunkohletagebau aufgegeben [Sta Bedburg: Amt Königshoven 567, 902; Wüst: Königshoven, S. 31; Andermahr: K, S. 169].

I, 1 Omnibusverbindungen

1928 Kraftpostlinie mit Personenbeförderung (viermal täglich) von Köln über Rommerskirchen, Bedburg nach K [Rhein. Städteatlas XIX, Nr. 96: Bedburg, 2013, I,1]

1931 Einführung der Kraftpostlinie Bedburg-Kirdorf-Kirchtroisdorf-Pütz-Kirchherten-Hohenholz-Harff (Postamt)-Epprath-K-Millendorf-Bedburg (ebd.)

1961 Bahnbuslinie Bedburg-Grevenbroich, Haltestellen in K an der Molkerei u. der Rochusstr. [Sta Bedburg: Amt Königshoven 902]. 2015 Anbindung des Industrieparks Mühlenerft mit dem Bahnhof Bedburg, Omnibuslinie 927 der Rhein-Erft-Verkehrsgesellschaft.

heute halten die Buslinien 905 (Bedburg-Kirchtroisdorf-K) u. 975 (K-Bedburg-Bergheim-Horrem) der Rhein-Erft-Verkehrsgesellschaft an der Haltstelle K-Rathaus

I, 1 Post

im 18. Jh. geht ein kurfürstlicher Kellnereikarren von K nach Düsseldorf [DJb 1 (1886), S. 42]

1806 holt der Briefträger aus Bergheim die Post in K ab [LAV NRW R: Roer-Dep. 2319, fol. 154]

1911 Postagentur in einem Laden an der Hauptstr. [Andermahr: K, S. 171]

heute Filiale der Deutschen Post Ecke Am Rathaus/St. Rochus-Str. [vgl. → Tafel 1, → Basiskarte 201]

I, 2 Bodenfunde in der Gemarkung

Jungsteinzeitliche Funde (Klingen, Kratzer, Feuersteinstücke, Abschläge) sind in der Gemarkung belegt [Hinz: Bergheim, S. 272]. Während römerzeitliche Funde im Bereich der Stadt u. der Burg K fehlen, gibt es Trümmerfelder südöstl. u. westl. der mittelalterlich-frühneuzeitlichen Ortslage mit Ziegeln, Amphoren-, Becher-, Kannen-, Topf- u. Schüsselrändern u. ä. [ebd., S. 272 f.; zu den Funden insgesamt vgl. LVR-Amt für Bodendenkmalpflege im Rheinland, Ortskartei]. Wegen des Fehlens von Spuren einer Besiedlung des Ortskerns während der Römerzeit ist es problematisch, den Ortsnamen von lateinisch *castrum* (Burg) abzuleiten, außerdem auf eine etwa im 4. Jh. entstandene Befestigungsanlage zum Schutz eines Erftübergangs zu schließen oder eine Übernahme des Worts *castrum* in fränkischer Zeit als Lehnwort zu vermuten [so Kirchhoff: Bedburg, S. 32–34; vgl. dagegen Hinz: Frühgeschichte, S. 17 f.; Andermahr: K, S. 15; Bers: K, S. 11 hält einen Zusammenhang mit lateinischen Namensgebungen in der Kreuzfahrerzeit für nicht gänzlich ausgeschlossen, dort auch Hinweis auf 2 weitere Orte dieses Namens: Kaster in Westflandern u. Casteren in Nordbrabant]. Auffallend ist, dass der älteste Namenbeleg in einer lateinischen Urk von 1148 *de Kastere* hat u. nicht *de Castro*; wie es im Lateinischen heißen müsste [→ I,3]. Diese Version ist zwar auch schon früh belegt, bleibt aber die Ausnahme, was dafür spricht, dass man den Ortsnamen überwiegend nicht aus dem Lateinischen herleitete.

I, 3 Erste Erwähnung und folgende Namenbelege bis 1300, danach nur abweichende Formen

1148 *de Kastere* [NrhUB I 364]
1156 *de Castre* [ebd. 389]
1160 *de Castro* [ebd. 401]
1176 *de Castere* [REK II 1049]
1180 *de Castere* [NrhUB I 474; REK II 1148]
1184 *de Castre* [NrhUB IV 636]
1188 *de Castere* [REK II 1321]
1189 *de Casthere* [NrhUB I 519; REK II 1335]
1189 *de Casthere* [NrhUB IV 639; REK II 1339]
1190 *de Castere* [NrhUB I 526; REK II 1367]
1224 *de Castro* [UB Kaiserswerth 34]
1225 *Castre* [F. Schmitz: UB der Abtei Heisterbach, Bonn 1908, Nr. 56]
1228 *Castre* [ebd. Nr. 68]
1244 *de Castere*, *de Castre* [H. Keussen (Hg.): UB der Gft Mörs u. der Herrlichkeit Krefeld, Bd. 1, Krefeld 1938, Nr. 78]
1273 *Kastere* [LAV NRW R: Jülich Urk 14; NrhUB II 646]
1279 *Castere* [NrhUB II 730; REK III 2818]
1287 *de Castro* [NrhUB II 827]
1288 *de Castere* [RRA I 437]
1289 *de Caster* [NrhUB II 876; RRA I 459]
1292 *de Castere* [UB Altenberg I 426]
1295 *de Kastre* [T. Schilp (Hg.): Essener UB, Bd. 1, Düsseldorf 2010, Nr. 208]
1296 *de Kastre* [NrhUB II 960, datiert nach W.-R. Schleidgen (Bearb.): T. J. Lacomblet: Urkundenbuch für die Geschichte des Niederrheins: Nachweis der Überlieferung, Siegburg 1981, S. 89]

1296 *de Castre* [NrhUB II 962]
1297 *de Castere* [T. Schilp (Hg.): Essener UB, Bd. 1, Düsseldorf 2010, Nr. 218]
14. Jh. *Castre/Caster* [Kop E 14. Jh., HAStK: Best. 204 St. Aposteln RuH 2, fol. 125 = 1318; fol. 132 = 1334, fol. 119r/v, 120v = 1336, 128v = 1348 mit *Castre* u. ebd. fol. 129 = 1348]
1350 *Caster* [ebd., fol. 117v], setzt sich anschließend durch, gelegentlich aber schon im 16. Jh. *K* [LAV NRW R: JB III R K 1, fol. 39 = 1500], 1359 nochmals *Castere* [Nijhoff II 94] u. bei niederdeutschen Schreibern neben *Caster* öfters *Casteren* [GAA Rechnungen Landesrentmeister 0001–218, fol. 39v = 1388; Doorninck: Briefwisseling, S. 55, 57, 88 = 1391; S. 40, 43, 45, 47, 50 f., 58, 60, 75, 79 f., 83 f. = 1392, S. 66, 69, 74 = 1393; Jappe Alberts: Tolrekeningen, S. 104 = 1404/05; W. Jappe Alberts: De stadsrekeningen van Arnhem, T. 4, Groningen 1978, S. 63 = 1421/22]

Abweichende Formen

1339 *Kastir* [Andermahr: Stadtrechte, S. 15]
1390 *in Castris* [Doorninck: Briefwisseling, S. 11]
1393 *Castren* [ebd., S. 70]
nach 1423 *Castor* [LAV NRW R: JB I 1170, fol. 2; ebd. JB RuH 28 S. 3 = 1462; M. Merian: Topographia Westphaliae, 1647, S. 77]
1430 *Castern* [NrhUB IV 195]
1470 *Caester* [J. Kloft: Inventar des Urkundenarchivs der Fürsten v. Hatzfeld-Wildenburg zu Schönstein (Sieg), Bd. 2, 1984, Nr. 473]
1531/32 *Chaster* [LAV NRW R: JB III R K 1, fol. 200; ebd. JB III 1156, fol. 24 = 1555]
1797 *Castert* [ebd. Roer-Dep. 1368, fol. 135]
1936 wird die amtliche Schreibweise von *Caster* in *K* geändert [Andermahr: K, S. 183]

I, 3 Adjektivisch

1364 *Castere* [Korth: Mirbach Nr. 84]
1382 *kasterse* [ebd. Nr. 171]
1386 *castre* [LAV NRW R: Jülich Urk 408; Herborn/Mattheier: Rechnung, S. 50 f. = 1398/99]
1470 *Caster* [s. oben → I,3]
1531/32 *chastenre* [LAV NRW R: JB III R K 1, fol. 200]
1560 *casterisch* [ebd. Jülich Mannkammerlehen 493, fol. 25; ebd. 494, fol. 2, 8; ebd. JB III R K 7, fol. 137v = 1570/71]
1574 *Casterensis* [G. Toepke (Hg.): Die Matrikel der Universität Heidelberg, T. 2, Heidelberg 1886, S. 71, Nr. 71]
1584 u. 1614 *Castrensis* [ebd., S. 114 Nr. 204, S. 269 Nr. 101]
1600 *casterer* [J. Kloft: Inventar des Urkundenarchivs der Fürsten v. Hatzfeld-Wildenburg zu Schönstein (Sieg), Bd. 4, 1984, Nr. 2110]
1671/72 *castrisch* [LAV NRW R: JB III R K 60, fol. 25]
1731 *castersch* [ebd. Herrschaft Paffendorf Akt 8, 5, fol. 4] 1806–08 *caster* [→ Tafel 2, Tranchot-v. Müffling]

I, 4 Bezeichnung der Siedlung

1336 *opidum* [Kop E 14. Jh., HAStK: Best. 204 St. Aposteln RuH 2, fol. 120v; Bers: K, S. 14; Richter: K, S. 53]
1339 *opidum* [→ I,3 Abweichende Formen; → III,3]
1358 *dorp* [Kop 16. Jh., LAV NRW R: Herrschaft Heinsberg RuH 2, fol. 139v]
1361 *burch ind stat* [NrhUB III 621; → III,3]
1364 *stat* [→ I,3 adjektivisch]
1365 *opidum* [LAV NRW R: Jülich Urk 266]
1369 K unter den jülichschen Städten (*steede*) [NrhUB III 693]
1379 *in die stat* [Korth: Mirbach Nr. 115]
1394 *burgh ind stat* [NrhUB III 1000]
1404 *castrum, villa firmata* [LAV NRW R: Jülich Urk 553]
1405 *castrum, villa murata* [ebd. 566; NrhUB IV 36]
1405 *ville, villa f(e)irmata* [Kop 15. Jh., LAV NRW R: JB I 2, fol. 7, 19, 36, 40, 47v, 48; vgl. auch → III,6]
1416 *vreyheit* [LAV NRW R: JB I 1306, fol. 9]
1425 *stad* [NrhUB IV 170]
1430 *vestn u. stat* [→ I,3 adjektivisch]
1586 *Stetgen, Stetlein* [LAV NRW R: Jülich Mannkammerlehen 494, fol. 30r/v, 38 f., 56]
1647 *kleines Stättlein an der Erpe* [M. Merian: Topographia Westphaliae, 1647, S. 77]
1647 *oppidum* [LAV NRW R: JB II 370]
1717 *urbecula* [Bers: Volksmission, S. 157]
1820 *Marktflecken* [J. A. Demian: Geographisch-statistische Darstellung der deutschen Rheinlande, Koblenz 1820, S. 106]
1830 *Flecken* [Restorff I, S. 250]
1838 *Städtchen* [LAV NRW R: Reg. Köln 1070, fol. 55 f.]
1941 *Stadt* [→ III,3]

I, 5 Bezeichnung der Siedlungsbewohner

1320 *cives* [UB Köln IV 78]
1405 *opidani, gemeyne burger* [LAV NRW R: JB I 2, fol. 21]
1416 *burger ind ondersassen* [ebd.: JB I 1306, fol. 10]
1430 *lewt* [→ I,3 adjektisch]
1490 *ingesessene burger, undersaissen* [LAV NRW R: JB I 1106, fol. 3, 6]
1500 *die van* K, *Burger* [Redlich: Patronat, S. 91]
1526 *Hausgeseess* [A. M. Koeniger: Sendgerichte in Deutschland, Weimar 1910, S. 60]
1534 *gemein Burgerschaff* [LAV NRW R: JB II 5126, fol. 220]
1550 *Minschen* [Redlich II 1, S. 446]
1553 *Mitburger* [LAV NRW R: JB Urk 2228, 2229]
1553 *gemeine Naeboren, Nabaeren* [ebd. u. JB III R K 4, fol. 63v = 1556/57]
1558 *Undertaenen* [Below I, S. 766; LAV NRW R: JB III R K 20, fol. 131 = 1619/20]
1717 *subditi* [Bers: Volksmission, S. 157]

I, 6 Wüst gewordene Nachbarsiedlungen (innerhalb der Gemarkung)

Tiergarten

Siedlung des 11. u. 12. Jhs. (mit Baubefunden aus karolingischer u. spätfränkischer Zeit), die um 1200 aufgelassen worden sein soll [Rech: Siedlung, S. 225; dagegen Bers: K, S. 15 mit Datierung um 1300, der die Aufgabe der Siedlung als Folge des Stadtwerdungsprozesses sieht. Kirchhoff: Bedburg, S. 99 hält eine Umsiedlung um 1200 in das gerade angelegte K für möglich; vgl. Rech: Siedlung, S. 225]. Im Bereich des Tiergartens, der 1492 erstm. gen. wird [→ I,9], müssen im 16. Jh. noch Mauerreste vorhanden gewesen sein. Das Gelände war nach Ausweis der K.er Kellnereirechnungen mit Hecken u. Sträuchern bepflanzt. 1581/82 wird erw., dass *daruff, wie man sagt, die alte Stadt solte gestanden haben* [LAV NRW R: JB III R K 10, fol. 23]. Schon früher, 1555/59, ist von der Flur *alde Stadt* die Rede [→ I,9]. Beides lässt darauf schließen, dass am Tiergarten eine aufgelassene Siedlung bestanden hat. Ob diese nach K umgesiedelt worden ist [Bers: K, S. 15], muss offen bleiben [vgl. Flurname *Dirgarten* 1806–08, → Tafel 2, Tranchot-v. Müffling = heute Im Tiergarten, → Tafel 1, → Basiskarte 201].

Omagen

1332 besaß das Kölner Apostelstift Zehnte (*decimae*) *in campis* bei K. 1336 werden sie als *in Ambecheym* liegend bezeichnet [Kop E 14. Jh., HAStK: Best. 204 St. Aposteln RuH 2, fol. 117v, 132v, 129v = *Ameychen* = 1348]. Die Siedlung soll im 14. Jh. bis auf die 3 Hofstellen des Apostelstifts aufgegeben u. die Bewohner sollen in K angesiedelt worden sein [Bers: K, S. 14, 16; Andermahr: K, S. 16 f. geht von 2 Siedlungen in Omagen aus]. 1821 waren noch 5 teils befestigte Anwesen u. 1931 war nur noch ein Einzelhof vorhanden, der auch als Burg bezeichnet wurde. Er ist wohl im 16. Jh. entstanden u. 1939 abgerissen worden. 1977 Abbaggerung der Ortschaft Omagen [Köhler: Bergheim, S. 86; Hinz: Frühgeschichte, S. 21; Ohm: Bergheim, S. 88; Rech: Siedlung, S. 221; Andermahr: K, S. 16 f., 22 f., 30, 35, 37, 65, 115 f., 189; Richter: Lebenswelten, S. 112; vgl. → Tafel 2, Tranchot-v. Müffling = 1806–08; → Tafel 4, Bgm K = 1821; → Tafel 2, → TK 1845; → Tafel 3, → TK 1893].

Sterzheim

Dort sind Scherben des 9.–13. Jh. nachweisbar, spätestens im 15. Jh. lag es wüst u. war nur noch Ackerland [→ I,9; Hinz: Wüstungen, S. 348; Hinz: Frühgeschichte, S. 21; Andermahr: K, S. 17, 23, 36 f.; Sta Mönchengladbach: Best. 24 Akt 135 = 1490–1599].

Hohenholz

Dort sind Scherben des 10.–13. Jh. nachweisbar. Rodungssiedlung, 1339 Hof *zo me holze* erstm. erw. [LAV NRW R: Jülich Urk 147]. Spätestens im 15. Jh. weitgehend wüst. Im 16. Jh. 2 Gehöfte, so auch noch A 19. Jh. 1799 werden 13 u. 1830 39 Ew angegeben. Im 17. Jh. hatten die v Bawyr zu Frankenberg u. als ihre Rechtsnachfolger die Ritz v Etgendorf das Gut Hohenholz als Lehen im Besitz. Sie waren zum Unterhalt des St. Agatha-Tors u. des Torwächters verpflichtet [Sta Mönchengladbach: Best. 24 Akt 126]. 1976–79 Übersiedlung der wenigen Ew nach K in Folge des Braunkohlenabbaus [Hinz:

Wüstungen, S. 351; Ohm: K, S. 87; Andermahr: K, S. 17, 24, 35–37, 65, 75, 77, 153; Rhein. Städteatlas XIX Nr. 96: Bedburg, 2013, I,6; → II,3 Tore; vgl. → Tafel 2, → Tranchot-v. Müffling = 1806–08 u. TK 1845; → Tafel 3, → TK 1893 u. 2015; → V,1].

I, 7 Ortsteile, Gebietsveränderungen, Eingemeindungen

1975 Zusammenschluss der Städte K u. Bedburg sowie der Gem. Lipp, Königshoven u. Pütz zur Stadt Bedburg unter Auflösung der Ämter Königshoven u. Bedburg [GV NW 1974, S. 1073; Rhein. Städteatlas XIX Nr. 96: Bedburg, 2013, I,7]

I, 8 Gemarkungsgröße

1792 696 ha [Fabricius II, S. 272]; 1885: 1617 ha = Bgm K, 696 ha = Gem. K; 1895: 1616 ha = Bgm K, 696 ha = Gem. K; 1905: 1617 ha = Bgm K, 696 ha = Gem. K

I, 9 Flurnamen bis 1600

1364 *an dem Werbussche, boyven dem Gerichte*, beide Fluren bei Millendorf [→ I,3 adjektivisch]
1390 *broyche up der Arffen* zwischen K u. Bedburg [LAV NRW R: Jülich Urk 437]
1402 *an der moilen* [Kop 15. Jh., ebd. JB Lehen Generalia 1, fol. 34]
1492 *deyrgarten* vor der Stadt gelegen [ebd. JB I 863, fol. 8v; vgl. Andermahr: K, S. 42; zum Tiergarten vgl. → I,6]
1499 *an deme busche* [Korth: Mirbach Nr. 844]
1509 vor K *an dem hoillenwege bij deme tollhuyse ind weitmolen* [ebd. 908]
1523 *Broich, Schefflach* zwischen Bedburg u. K, *Kesselskoul* an der Grenze zu Bedburg, *Broich* bei Darshoven, *Droessent Buysch, Kuhe Buysch, Felt over den Roettzynden, Kouler Acker, Peyffers Mar, Brouve Pann, gemeyn Tzwyebroech* bei Tollhaus, *Amagher Broich, Weerbuysch* [LAV NRW R: Hauptgericht Jülich 1928, fol. 93–94v]
1555 *Broich* an der Erft in der Nähe der Mühle, zu der eine Brücke führt, 1568 *gemeine Broich* gen. [ebd. JB III 1156, fol. 29, 87]
1555/56 *an der alder Stadt* [ebd. JB III R K 3, fol. 270 = Tiergarten; vgl. dazu → I,6]
1555/56 *Syppelbroich* [ebd. JB III R K 3, fol. 270] = 1755 *Zeybelbruch* [→ Tafel 7] = 1759/60 *Zippelbroich* [LAV NRW R: JB III 150, fol. 126v; vgl. auch Richter: Lebenswelten, S. 265]
1557/58 *Deillkamps vur* K [LAV NRW R: JB III R K 4, fol. 80v]
1562 Land hinter dem *Heiligenheusgen* [ebd. Hauptgericht Jülich 1928, fol. 90]
1566/67 *Elrenbroich* [ebd. JB III R K 6, fol. 13]
1570 *Kamp zwischen dem Diergarden u. der gemeinen Strassen* [ebd. Jülicher Gerichte 490]
1573/74 *Sterzemer Acker* [ebd. JB III R K 8, fol. 17v; vgl. → I,6 Wüstung Sterzheim]

II Topographie

II, 1 Burg

Ob die Burg „auf eine einfache frühgeschichtliche Motte zurückgeht" oder „sogleich im hohen Mittelalter als Beringburg errichtet wurde", ist fraglich u. wohl nicht mehr zu klären [Hinz: Bergheim, S. 273]. Da vor M 12. Jh. erstm. die Herren v K auftauchen [→ I,3, erste Erw. zu 1148], deren Stammsitz Burg K war, wird sie damals schon bestanden haben. Sie diente um 1263, nach der Übernahme K.s durch Jülich [→ III,1 Grund- u. Gerichtsherrschaft], als Grenzfeste gegenüber dem nur durch die Erft getrennten kölnischen Territorium [Corsten: Residenzen, S. 101]. Von den meisten niederrhein. Burgen unterscheidet sie sich, weil sie auf einem natürlichen Hügel (mit wenigen späteren Aufschüttungen) angelegt wurde [Clemen: S. 99; Hinz: Frühgeschichte, S. 24 f.; Hinz: Bergheim, S. 273; Ohm: Bergheim, S. 62; Andermahr: K, S. 40; Kircher-Kannemann: K, S. 291; Büren: Burgenbau, S. 48; H. Andermahr: Landesburgen in der Gft, Mkgft u. im Hzt Jülich vom 12.–16. Jh., Bergheim 2018, S. 109–111; zur Lage der Burg vgl. → Tafel 1, → Grundriss u. Basiskarte 201].
1273 *castrum* [→ I,3; über den Verkauf u. die Lehensübertragung der Burg vgl. → III,1 Grund- u. Gerichtsherrschaft]
1278 wird die für Jülich strategisch wichtige Burg K durch Eb Siegfried v Köln zerstört, der nach der Ermordung des Gf Wilhelm IV. u. seines ältesten Sohnes in Aachen in die Gft eingefallen war. Die Zerstörung hatte nicht nur militärische, sondern auch symbolische Bedeutung [REK III 2749; Kraus: Jülich, S. 149 f., Corsten: Residenzen, S. 98]
1279 dürfen Gf Wilhelms Witwe Richarda u. ihre Söhne auf Grund des Pingsheimer Friedens ihre Burg K wieder aufbauen [*prout melius poterimus, si voluerimus, reedificabimus*, → I,3]. Dies scheint bald geschehen zu sein, da Ricardas Sohn Wilhelm v K bereits 1296 wieder in der Lage ist, die der Stadt Köln obliegende Gestellung von 50 Bewaffneten, darunter 25 Berittenen, zu übernehmen [→ I,3], also finanziell wieder gesundet war. Sicher hat die Burg nach der Zerstörung von 1278 schon vor M 14. Jh. wieder bestanden, da für diese Zeit Burgmannen (*burglude*) belegt sind [LAV NRW R: Jülich Urk 174 = 1343]

E 15. Jh. gehörten zur Burgbesatzung der Burggf mit 1 Knappen, der Landesrentmeister, 1 Kaplan, Handwerker, 2 Köche, 1 Bäcker, der zugleich Bier braute, 1 Jäger, 1 Fassbinder, 1 Karrenknecht, 1 Kammerknecht, 3 Pförtner der Haupttore, Boten, 3 Jungen in Küche, Brauhaus u. Backstube, 1 Jägerbursche, 2 Frauen, davon 1 Wäscherin [W. Herborn: Alltagsleben auf einer Burg. K im ausgehenden 14. Jh. In: Herborn: Aufsätze, S. 101 f.; Herborn/Mattheier: Rechnung, S. 90 f., 93]. Vor der Burg erwarb 1384 Wilhelm v Jülich-Geldern vermutl. zur Versorgung der Burgbesatzung einen Hof, der verpachtet war [LAV NRW R: JB RuH 18, fol. 381–383, wegen Wasserschäden zit. nach Drewes: K, S. 77; vgl. auch Herborn/Mattheier: Rechnung, S. 91, 97 = 1398/99]. Der Hof ist vermutl. mit dem 1449 verpachteten Hof *binnen* K oder *großem Haus* an der Buschpforte identisch [LAV NRW R: JB III R K 1, fol. 158; ebd. 4, fol., 13; vgl. ebd. JB I 1306, fol. 14 = 1493, dort auch über ein weiteres 1489 verpachtetes Hs]. Die Besitzer der Burgmannslehen waren zum Wachdienst verpflichtet. Die Wachdienstzeit betrug im 16. Jh. 6 Wochen u. 3 Tage. Während dieser Zeit bekamen die Diensttuenden täglich 2 *Roggenmicken* u. 1 *Teute Bier* [ebd. Jülich Mannkammerlehen 494, fol. 8r/v = 1573; fol. 47 = 1586].
1343 *hu(ü)ys* [ebd. Jülich Urk 174; ebd. 369 = 1381; ebd. 378 = 1382; Nijhoff II 94 = 1394]
1367 *fortilitium* [NrhUB III 677]
1385 *slos* [LAV NRW R: Jülich Urk 405; 1410 *sloss* = ebd. 607; 1430 *sloss* = → I,3 adjektivisch]
1394 *slaet* [LAV NRW R: Jülich Urk 462]
1394 *burgh* [→ I,4]
1398/99 *hu(e)s(se), hüs(se), hus, h(ü)uys(s)* [Herborn/Mattheier: Rechnung, S. 47, 52, 60, 90, 93–96, 99, 101 f., 106, 110, 112, 123 f., 126, 153]
1404 *castrum* [→ I,4]
1405 *chastel, slos* [LAV NRW R: JB I 2, fol. 7, 36, 20]
um 1428 Aufteilung der Gebäude der Burg K zwischen Hz Adolf v Jülich-Berg u. Johann v Loen-Heinsberg, der den 4. Teil erhält. Außer dem bestehenden (Wohn-)Turm wird ein neuer Turm errichtet, versehen mit 4 Türmchen. Die Burg hat 3 Tore, 1 zur Stadt u. 2 zur Burg hin; es gibt einen Stall mit der Schmiede, eine Scheune, eine Vorburg, eine Mälzerei (*melthuyss)* u. ein Schlachthaus (*slachhuyss*). In einem der Türme befindet sich eine Schreibkammer (*schryffkamer*). Eine der Kammern ist ausgemalt (*gemailde kamer*). Jeder der beiden Herren kann bauliche Veränderung an seinen Anteilen der Burg vornehmen u. erhält einen Schlüssel [ebd. JB I 1170, fol. 2r/v; Bers: K, S. 73–75; Andermahr: K, S. 42; zur Burganlage vgl. Hinz: Frühgeschichte, S. 25–30. Die bisher übliche Datierung auf 1423/24 ist zu früh, da zu diesem Zeitpunkt Maria d'Harcourt, die um 1429 gestorben ist, K noch besaß, vgl. dazu Corsten: Residenzen, S. 107; über Marias Sterbedatum vgl. Oosterman: Maria, S. 231]

Die Burg hatte einen Grundriss von 30 mal 40 m u. scheint „ein prächtig-repräsentatives Gebäude" gewesen zu sein [Corsten: Residenzen, S. 102; Andermahr: K, S. 40; Oosterman: Sporen, S. 142 f.], sonst hätte es nicht als Residenz der herzoglichen Familie gedient. Nach W war die Burg durch einen Graben geschützt, der durch den heutigen Friedhof hin zur Barbakane des St.-Agatha-Tors verlief [Hinz: Bergheim, S. 274]. Mit ihrer Vorburg ragte sie in die Stadt hinein. Dadurch entstand zusammen mit der Stadtmauer [→ II,2] „eine zusammenhängende Wehranlage" [Kircher-Kannemann: K, S. 292].
1471 soll der Amtmann auf dem Schloss einen Stall mit 5 Pferden unterhalten u. für sie 6 gute Wagen Heu bereitstellen [LAV NRW R: JB Urk 1179]
1473 *bollwerck* erw. [ebd. JB III R K 167, fol. 13v]
1474 liegt im Bereich der Burg ein Brunnen [ebd. JB Urk 1245; ebd. 1279 = 1475]
E 15. Jh. ist die Burgpforte Burglehen [ebd. JB Lehen Generalia 16; vgl. ebd. Herrschaft Paffendorf Akt 5, 31, fol. 2]
um 1500 werden an der Burg K die Fenster gestrichen [ebd. JB I 1348, fol. 6]

1542 ist die Burg abgebrannt [→ II,2 Brände]. 1553 beginnt der Wiederaufbau unter Alessandro Pasqualini (*Mester Alexander*), der 1549/50 in K nachweisbar ist. Der in der Kellnereirechnung von K für 1500/01 u. später gen. große Turm der Burg K war wohl ein aus Backstein errichteter Donjon u. ähnelte in etwa der Burg Lechenich (Erftstadt). Die Kellnereirechnungen des 16. Jhs. deuten daraufhin, dass die Burg K eine „Dauerbaustelle" blieb [LAV NRW R: JB III R K 1, fol. 14; ebd. 2, fol. 194v; ebd. 3, fol. 94–95v = 1553/54; fol. 175 = 1554/55; DJb 31 (1925), S. 129; G. Bers: Alessandro Pasqualini u. der Wiederaufbau des „Großen Turms" zu K. In: Neue Beiträge z. Jülicher Geschichte 10 (1998), S. 191–201; Hinz: Frühgeschichte, S. 23–30; Büren: Burgenbau, S. 49 f.]

1549/50 ist ein Mäusefänger aus Maastricht in der Burg beschäftigt [LAV NRW R: JB III R K 2, fol. 198]

1567/68 erhalten die Fenster in der Burg eine neue Bleiverglasung. Der Glasermeister kommt aus Grevenbroich [ebd. 6, fol. 162]

1570/71 *Schloss* [ebd. 7, fol. 154]

1571/72 ist ein Rattenfänger auf der Burg beschäftigt [ebd., fol. 270]

1579 erhält der Baumeister Johann I. v Pasqualini (als Lohn?) 207 Guldens 17 Albus [ebd. 167, fol. 84v]

1584/85 geht von der mittleren Pforte des Schlosses ein Steinweg in die Stadt. Auf der Burgmauer befinden sich Wachtürme, im großen Turm ist das herzogliche *Gemach*, dessen Fenster erneuert werden [ebd. 10, fol. 383, 384v]

1586 bittet die Stadt um Verlegung von 8–10 Soldaten auf die Burg, um sie zu schützen [ebd. Jülich Mannkammerlehen 494, fol. 39v]

1600/01 wohnt der Burggf in der Burgpforte [ebd. JB III R K 15, fol. 195v]

1626 soll nach dem Brand von 1624 das herzogliche Wappen *an der Schloßpforten* in Ölfarbe gemalt u. die Scheune wieder aufgebaut werden [ebd. JB III 815, fol. 4v, 11; → II,2 Brand]

1648 wird die Burg endgültig zerstört. In der Vorburg sind heute Teile der „stadtseitigen Wehr mit einem Eckturm" (Eulenturm) erhalten [M. Müller-Wille: Mittelalterliche Burghügel („Motten") im nördl. Rheinland, Köln 1966, S. 61 f.; Hinz: Frühgeschichte, S. 30–33; Hinz: Bergheim, S. 274]. Nach 1648 diente die Burgruine als Steinbruch für den Wiederaufbau der Pfarrkirche von Kirchherten u. den Bau der Kapellen von Pütz u. Kirchtroisdorf (alle im Rhein-Erft-Kr.). 1816 wurden Steinplatten aus der Burg für den Flur von Schloss Vorst (heute Stadt Leichlingen) verwandt u. 1960 die Kellergewölbe gesprengt [Ohm: Bergheim, S. 62]. Bei der Sanierung der 1980er Jahre wurde zur Sicherung der Substanz „auf die Freilegung weiteren Mauerwerkes […] bewusst verzichtet." 2000 Eintrag in die Denkmalliste [Jb Rhein. Denkmalpflege 39 (2004), S. 216; LVR-Amt für Bodendenkmalpflege im Rheinland, BD-Nummer BM 003]

Zur Burgkapelle u. zur Wohnung des Burgkaplans vgl. → IV,4 Burgkapelle

II, 2 Siedlungsentwicklung

Wegen fehlender Funde ist von einer Besiedlung im Ortskern schon während der Frankenzeit nicht auszugehen [→ I,2; vgl. Hinz: K, S. 21; zu Baubefunden aus karolingischer u. fränkischer Zeit am Tiergarten vgl. Rech: Siedlung, S. 225; → I,6]. Sie geschah wohl nicht vor dem 12. Jh. vermutl. auf Reichsgut wie das benachbarte Morken [Andermahr: K, S. 77]. 1148 [→ I,3] taucht erstm. eine edelfreie Familie v K auf, die anscheinend nach 1190 bereits ausgestorben war [über ihre Herkunft vgl. → III,1 Grundherrschaft]. Auf sie geht wahrsch. die Anlage der ersten Burg zurück [→ II,1]. Auf jeden Fall entwickelte sich die urspr., wohl sehr kleine Siedlung im Vorfeld der Burg. Sie wird anfänglich kaum mehr als eine Vorburg gewesen sein, aus der sie sich weiterentwickelte [Bers: K: S. 15 f.; Kircher-Kannemann: K, S. 273]. Der Anlage der Siedlung, die E 14. als abgeschlossen angesehen werden kann, lag wahrsch. ein vorgebenen Plan zu Grunde. Es ist außerdem nicht auszuschließen, dass die Bewohner der wüst gefallenen Siedlungen Tiergarten u. Omagen sich in K angesiedelt haben oder nach dort umgesiedelt worden sind. Der Zeitpunkt bleibt ungewiss. Sollte dies erst im 14. Jh. der Fall gewesen sein, könnte es im Zusammenhang mit der landesherrlichen Bevölkerungspolitik stehen, die zum Ziel hatte, die gerade entstehende Stadt K mit Bewohnern aufzufüllen. Es mag dahinter freilich auch nur oder zusätzlich die Landflucht u. die Sogwirkung einer Stadt stecken, die besser als die ländlichen Siedlungen durch ihre Mauern schützte. Dies würde bes. auf Sterzheim u. Hohenholz zutreffen, die spätestens im 15. Jh. weitgehend verlassen waren [→ I,6].

Welche Bedeutung, wenn überhaupt, das 1225 [→ I,3] bestätigte Allod der Zisterzienserabtei Heisterbach in K für seine Siedlungsentwicklung gehabt hat, ist ungewiss. Die Abtei hat diesen vermutl. selbstständigen Hof, den ihr Konrad v Dyck streitig machte u. das Eingreifen der päpstlichen Kurie erforderte, wohl erst nach 1213 erworben u. nicht lange im Besitz gehabt. 1228 ist er zum letzten Mal belegt. Wer das Eigengut anschließend besaß, ist unbekannt u. vermutl. nicht mehr zu klären [→ I,3; S. H. Brunsch: Das Zisterzienserkl. Heisterbach, Siegburg 1998, S. 54, 177, 184, 323, 424; Bers: K, S. 13 f.].

Ob schon von A an Burgmannen, die erst im 14. Jh. auftauchen [→ III,1 Amtsträger u. Bedienstete zu 1343], in K zur militärischen Sicherung wohnhaft waren, ist nicht bekannt. Einige lebten zum Zeitpunkt der Ersterw. jedenfalls in eigenen Hss in der Stadt [→ II,5 Gebäude]. Ob sich dahinter ein Plan verbirgt, der mit der Erweiterung der Stadt zusammenhängt, lässt sich nicht beantworten. Ab 15. Jh. blieb die Zahl der Hss innerhalb des Ortskerns in etwa konstant, sodass man nicht von einer kontinuierlichen Stadtvergrößerung ausgehen kann [vgl. → V,1].

Nach dem großen Stadtbrand von 1624 [→ II,2 Brände] ordnete Pfgf Wolfgang Wilhelm 1626 den Wiederaufbau der Stadt an u. beauftragte den Baumeister (*hoffschreineren*) Meister Adolf v Kamp, dafür einen Grundriss zu entwerfen unter Beibehaltung der früheren Baufluchtlinien. Gleichzeitig erließ er eine Brandordnung. Danach mussten, um künftige Brände zu vermeiden, Freiflächen angelegt, die Hss Giebel aus Stein erhalten u. Brandmauern errichtet werden. Die Hausbesitzer, die dazu zunächst nicht in der Lage sein sollten, durften die Mauern vorerst für 1 Jahr *nur einen Fueß* (ca. 29 cm), *zween, drei oder vier auß der Erden* bauen [LAV NRW R: JB III 815, fol. 6v, 10v; Andermahr: K, S. 125; Kircher-Kannemann: K, S. 292]. Der mit der Überwachung des Wiederaufbaus betraute Kamp hielt sich 1 Woche in K auf, *um die leider abgebrandte Statt in einen gewißen Abriß* (Grundriss) *zu bringen*. 2 Monate später kam er erneut nach K, um *die Pfoell nach dem Abriß* […] *anzuschlagen* [LAV NRW R: JB III R K 22, fol. 43v]. Der 1626 geplante u. anschließend realisierte Grundriss blieb danach weitgehend ohne entscheidende Eingriffe in seine damalige Gestalt bis heute. Um 1755 wird das Str.pflaster in der Stadt als neu *verfertiget* erw. [→ Tafel 7].

Die Zahl der vor dem Zweiten Weltkrieg außerhalb der Stadtmauer liegenden Hss betrug nur 25–30 [Sta Bedburg: Amt Königshoven 601]. Gebaut wurde nach Bedarf. Etwa ⅔ der heutigen Wohngebäude sind aus dem 17.–18. Jh., der Rest ist jünger. Die nach dem Zweiten Weltkrieg erbauten Hss fügten sich maßstabgerecht in das Ensemble ein. Typisch sind die kleinen bis mittelgroßen Bauernhöfe, „dreiseitig aneinandergereihte Hofanlagen mit zweigeschossigen Wohnhäusern u. rückwärts anschließenden Stall- u. Scheunengebäuden." Vorherrschend ist die Erbauung aus Backsteinen. A 1980er Jahre wurden viele Wohnhäuser behutsam modernisiert u. restauriert, die Haupstr. neu gepflastert sowie die oberirdische Verkabelung entfernt. Heute sind die meisten „Wohnbauten verputzt oder mit einer weißen Schlämme überzogen" [Jb Rhein. Denkmalpflege 39 (2004), S. 213].

Nachhaltig veränderte sich das unmittelbare Umland der Stadt ab den 1920er Jahren durch die Abbaggerung der Braunkohle (Frimmersdorf, Fortuna, Garsdorf, Garzweiler I). Vom Braunkohlentagebau (Frimmersdorf Südfeld) wurde 1954 lediglich der Stadtkern ausgenommen. 1956 entwarf der Raumplaner Hermann Roloff aus Köln einen Bebauungsplan [Sta Bedburg: Amt Königshoven 663; Roloff: Ortsumsiedlungen, S. 74; Wüst: Königshoven, S. 60; Dickmann: Umsiedlungsatlas, S. 205], der die zu erwartenden Umsiedlungen nach K berücksichtigte, der aber nur teilweise realisiert worden ist. Dem Plan lag die Idee einer weiträumigen, aufgelockerten Stadt mit niedriger Bebauung ohne landwirtschaftliche Betriebe zugrunde u. zeigte u. a. Anklänge an das Konzept einer Gartenstadt (Grüngürtel um Alt-K, grüne O-W-Achse). Das mittelalterlich-frühneuzeitliche K sollte zwar der Kristallisationskern der neuen Stadt werden, doch war ein Siedlungsausbau nur nach S u. nach W möglich, sodass die mittelalterlich-frühneuzeitliche Stadtanlage in eine Randlage geriet. Zugrunde lag die Absicht, aus mehreren Nachbarschaftseinheiten der umgesiedelten Dörfer die neue Stadt K zu bilden u. sie als funktional selbstständiges Mittelzentrum für mehr als 10.000 Ew zu etablieren – eine Zahl, die nie erreicht wurde. Da die neue Stadt (Groß-K) nur 2 km von dem westl. gelegenen Bedburg entfernt war, trat sie mit dieser in Konkurrenz an Ew etwa viermal größeren Stadt u. behinderte sie in ihrer zentralörtlichen Funktion. Durch den am 1.1.1975 erfolgten Zusammenschluss mit Bedburg war das urspr. Konzept, K zu einem Mittelzentrum zu machen, endgültig erledigt [Roloff: Ortsumsiedlungen, S. 75; Wüst: Königshoven, S. 61; Dickmann: Umsiedlungsatlas, S. 203–206, 209; → III,9; Rhein. Städteatlas XIX Nr. 96: Bedburg, 2013; → I,7]. Ab 1959 entstanden zunächst südl. u. westl. der mittelalterlich-frühneuzeitlichen Ortslage „auf der grünen Wiese" die Umsiedlungsstandorte für Epprath u. Morken-Harff. Die

Bebauung (Typenbauweise der Gebäude, überwiegend Einfamilienhäuser) folgte „noch nahezu völlig“ der Planung der 1950er Jahre. Doch wich die spätere, 1976 abgeschlossene westl. Bebauung von Morken-Harff schon davon ab u. entsprach nicht mehr der vorgesehenen „rasterförmige Verkehrserschließung“, sondern zeigte „eine leicht gewundene Str.führung mit zahlreichen Wendehämmern.“ Die Bebauung war damit erkennbar individueller als die des östl. Teils von Morken-Harff geworden. Bei der Neubebauung K.s fehlte der urspr. beabsichtigte zentrale Marktplatz mit Rathaus u. Kirche. Im Bereich der St. Rochusstr. entstand ein Geschäfts- u. Verwaltungszentrum mit Einzelhandelsgeschäften u. öffentlichen Einrichtungen (Post, Bank, Schule, Kindergarten, Rathaus, ev. Kirche). Sie wurde zu „einer belebten Durchgangsstr.“. Außerdem wurden mehrgeschossige Wohngebäude westl. des Rathauses u. an der im Bereich der südöstl. davon verlaufenen Friedrich-Ebert-Str. errichtet, die signifikant im Gegensatz zu der sonstigen Bebauung stehen u. den „städtischen Charakter“ K.s betonen [Roloff: Ortsumsiedlungen, S. 75; Wüst: Königshoven, S. 63; Dickmann: Umsiedlungsatlas, S. 207 f.]. Um 1965 waren bereits 1.100 Personen in das K.er Stadtgebiet umgesiedelt worden. Bis zum Abschluss 1987 stieg ihre Zahl auf ca. 4.800 an. Bei der Umsiedlung der Bewohner wurde deren Wille, die gewachsenen Nachbarschaften zu erhalten, weitgehend berücksichtigt. Zu diesem Konzept gehörten auch die Weiterführung der alten Vereine u. die Erhaltung der kath. Pfarrgemeinde. Von 1971–73 wurde deshalb für (Neu-)Morken-Harff die Kirche St. Martinus erbaut [→ II,6 Rathaus; → III,9; → IV,4 Pfarrbezirk; → V,3; Der Landkr. Bergheim, 1967, S. 127; Kirchhoff: Bedburg, S. 228; Dickmann: Umsiedlungsatlas, S. 203–220; Rhein. Städteatlas XIX Nr. 96: Bedburg, 2013, IV,1].

1968 waren 52 % der Wohnungen Mietwohnungen gegenüber etwa 30 % in Königshoven vor der Umsiedlung [Wüst: Königshoven, S. 63]. Nach der kommunalen Neuordnung 1975 blieb der Stadtteil K der neuen Stadt Bedburg Wohnsiedlungsschwerpunkt. Der Flächennutzungsplan von 1980 ging aber nur noch von ca. 6.500 Bewohnern statt über 10.000 für den Stadtteil K aus [Roloff: Ortsumsiedlungen, S. 75; Dickmann: Umsiedlungsatlas, S. 212]. Die damals revidierte Einwohnerzahl war E 2018 mit 6.163 Ew fast erreicht [→ V,1]. Nördl. der mittelalterlich-frühneuzeitlichen Ortslage entstand bis 1984 im Bereich des früheren Braunkohletagebaus Frimmersdorf der K.er See. Er ist umgeben von einer ca. 8 ha großen Waldfläche, auf der Ulmen gepflanzt wurden. 1985 wurde der Verlauf der Mühlenerft verändert, sodass die Burgruine jetzt entgegen dem historischen Befund auf ihrem rechten Ufer liegt [→ II,1 Burg; Zenker: Braunkohle, S. 194 f.; → Tafel 1, → Basiskarte 201; → Tafel 3, → TK 2015, → Senkrechtluftbild 2016].

Ein weiterer Anziehungspunkt von überlokaler Bedeutung wurde mit dem 2012 eröffneten Sport- u. Welnessbad „monte mare“ (mit 25-m-Schwimmbecken) geschaffen. Es liegt südöstl. der mittelalterlich-frühneuzeitlichen Ortslage K.s in einer Entfernung von ca. 1,2 km u. ist für auswärtige Besucher über die A 61 leicht zu erreichen [Rhein. Städteatlas XIX Nr. 96: Bedburg, 2013, II,2 Siedlungsentwicklung; → Tafel 1, → Basiskarte 201; → Tafel 3, → Senkrechtluftbild 2016]. Ab E 2018 wird der neue Wohnstandort Sonnenfeld, ca. 0,8 km südöstl. der mittelalterlich-frühneuzeitlichen Ortslage K, an der K 36 erschlossen [→ Tafel 1, → Basiskarte 201; → Tafel 3, → Senkrechtluftbild 2016].

II, 2 Befestigung

1404 *villa murata* [→ I,4]. Es ist zu vermuten, dass K schon 1336 zum Zeitpunkt der ersten Nennung als Stadt [→ I,4] von einem Wallgraben umgeben u. durch Palisaden befestigt war. Letztere wurden wohl nach u. nach bis E 14. Jh. durch eine Mauer aus Backsteinen ersetzt. Um 1380 war die Ummauerung vermutl. noch nicht abgeschlossen, wenn es zutrifft, das 1382 nur 1 Stadttor vorhanden war [→ II,3]. 1391 werden aber schon beide Stadttore gestanden haben u. der Mauerbau vollendet gewesen sein, weil Reinald v Jülich 1391, um K zu verlassen, heimlich nachts über die geschlossene Stadtmauer (*muren*) steigen musste [Doorninck: Briefwisseling, S. 83 f.; Böck: Herzöge, S. 264 f.; Oosterman: Maria, S. 43]

1414 *in der stadt muren* [Kop 15. Jh., Sloet: Leenaktenboeken Nr. 102] = 1417 *an der statmůren* [Korth: Mirbach Nr. 236]

1574 wird die neue Mühle in der Nähe des Erfttors in die Stadtbefestigung einbezogen [→ V,4 Mühlen]

1583 ist die Stadtmauer *an vilen Orthen gar schwagh*. An vielen Stellen stehen in ihrer Nähe Scheunen mit Strohdächern, die eine Brandgefahr bilden. Zur Verbesserung wird bis 1586 der innere Graben der Stadtumwallung mit einem Ziegelwall verstärkt u. der äußere vertieft – Arbeiten, welche die *außwendigen u. inwendigen Unterthanen* zu leisten haben. Von der Stadtmauer, die teilweise *nedergefallen* ist, wird ein Teilstück von 15 Fuß (ca. 4,35 m) mit einer Höhe von 8 Fuß (ca. 2,32 m) u. einer Dicke von 2 Steinen neu gebaut. Die Stadttore erhalten *Hameien* [LAV NRW R: Jülich Mannkammerlehen 494, fol. 13v–20, 23, 25v, 30, 38; → II,3]

1586 sollen zur Verbesserung der Bewachung von Stadt u. Schloss K Hacken, Pulver u. Blei zur Verfügung gestellt werden [ebd., fol. 23v–24]

1591 Stadtgraben erw. [→ IV,5 Kll. u. Stifte]

1600/01 wird die Stadtmauer mit Kalk ausgebessert [LAV NRW R: JB III R K 15, fol. 329]. Der Verlauf der Befestigung ist teilweise unsicher, so im Bereich des vorstehenden Vikariegebäudes im Südosten, das im Keller „bastionsartig mit Schießscharten“ versehen ist [Hinz: Bergheim, S. 274; → IV,1 Vikariegebäude]

1623/24 wird eine neue Stadtmauer von der Mühle *langs die Leyendeckers Heuser bis uff den Thorn* gebaut [LAV NRW R: JB III R K 21, fol. 93v]

1626 Wiederaufbau der Stadtmauern nach dem Brand von 1624 [→ II,2 Brände]

1671/72 wird die Stadtmauer an der Mühle erneuert [LAV NRW R: JB III R K 60, fol. 82v]

A 19. Jh. waren der Stadtwall mit einer Höhe von ca. 1 m (3 Fuß) u. die Stadtmauer (mit 3 Türmen) fast gänzlich erhalten [ebd. Reg. Köln 961, fol. 9; → Tafel 1, → Grundriss]. Die Ummauerung hat die Gestalt eines unregelmäßigen Fünfecks u. folgt im N dem Lauf der Erft [Ohm: Bergheim, S. 61]. Dass die im Codex Welser um 1720 eingezeichneten 6 Türme [Clemen, S. 95; Andermahr: K, S. 43, 233] jemals vorhanden waren, ist unwahrsch. [vgl. → Tafel 6].

1838 sind Teile der Stadtmauer eingestürzt. Im W ist sie noch gut erhalten. *Polizeiliche als auch militärische* Gründe für ihren Erhalt bestehen nicht. Zu einem Abriss muss jedoch nach Meinung des Generalkommandos des VIII. Armeekorps in Koblenz die Genehmigung des Innenministeriums u. des Kg eingeholt werden. Die Mauer diente zum Schutz *des inneren Eigentums.* Eine Unterhaltpflicht für die Anrainer bestand nicht. 1936–39 teilweise Renovierung nach Besichtigung durch den Provinzialkonservator, endgültige Wiederherstellung 1957. Weitere Instandsetzungen in den späten 1980er u. anfänglichen 1990er Jahren mit dem Ziel, „den historischen Freiraum um den Außengürtel der Altstadt unverbaut zu erhalten, die alte Mauersubstanz der Befestigung vorsichtig zu sichern u. Lücken in der Stadtmauer so weit zu schließen, dass ihr Verlauf wieder vollständig mit den vorgelagerten Stadtgräben korrespondierte [LAV NRW R: Reg. Köln 1070, fol. 55–58v, 60r/v; Sta Bedburg: Amt Königshoven 601; Andermahr: K, S. 155; Jb Rhein. Denkmalpflege 39 (2004), S. 213; Jansen: Stadtbefestigung, S. 12; LVR-Amt für Bodendenkmalpflege im Rheinland, AO-Nr. 1445/014]

Im O ist die Stadtmauer heute weitgehend verschwunden. Im W erreicht sie eine Höhe von 5 u. im S von bis zu 6 m bei einer Mauerstärke von 1,5 m [Ohm: Bergheim, S. 61 f.; vgl. → Tafel 1, → Basiskarte 201].

II, 2 Brände, Eroberungen, Besetzungen

Ob 1278 bei dem Einfall Eb Siegfried v Westerburg in die Gft Jülich nicht nur die Burg, sondern auch die Siedlung K, über deren Größe es zu diesem Zeitpunkt keine Nachrichten gibt, in Flammen aufgegangen ist [Andermahr: Stadtrechte, S. 8], bleibt fraglich, zumal sich die als Beleg herangezogene Urk [NrhUB II 730 = 1279 = Friede von Pingsheim] zuvor ausführlich mit einer Burg (Liedberg) befasst, die nicht mehr wiederaufgebaut werden darf [Rhein. Städteatlas XV Nr. 82: Liedberg, 2003, II,1] u. nur von *Castere* ohne Spezifizierung, ob Burg, Stadt oder beides, die Rede ist [→ II,1; II,2].

1542 *Caster wart gebrant mit der burch bussen ein houf, stout up der muren* [O. Dresemann: Die jülichsche Fehde 1542–1543. In: AHVN 61 (1895), S. 63; vgl. ZBGV 22 (1886), S. 80; 23, 1887; ebd. S. 54; Bers: Pasqualini, S. 192; vgl. auch Richter: Lebenswelten, S. 138 f.; Jansen: Stadtbefestigung, S. 11]

1577 wird K *des brandts halver* ein Teil rückständiger Steuern erlassen [Below II, S. 298]

1621 liegt *lotringische*(s) *Kriegsvolk* 14 Wochen in K u. richtet einen Schaden von 7.000 Rtl. an [J. Küch: Landtagsakt v Jülich-Berg, Düsseldorf 1925, Nr. 38]

1623/24 werden von Oktober – April *zu Bewarungh* von Schloss u. Kellnerei 3 Soldaten aus der herzoglichen Leibgarde *uff* K *verlacht* [LAV NRW R: JB III R K 21, fol. 44]

1624 April 17 werden beim Stadtbrand 3 Frauen u. 2 Kinder getötet, außerdem die Kirche u. die Korn- u. Ölmühle zerstört. Die Stadt ist *im Grundt abgebrandt*. Der Hz verbietet, zukünftig auf der Stadtmauer Hss zu errichten. Vom Schloss ist nur eine Scheune betroffen. 3 Zimmerleute hatten *mit Übersteigungh der Dächer* des Schlosses *Leib u. Leben* gewagt [Küch: Landtagsakt, Nr. 38; LAV NRW R: JB II 369, fol. 122v; ebd. JB III R K 21, fol. 44v; Andermahr: K, S. 124 f.; Richter: K, S. 55 f.; Rosenkranz: Sitzungsberichte, S. 72]

1625 bitten die Städte Euskirchen u. K um Steuerbefreiung wegen des jüngsten Brandschadens [Küch: Landtagsakt, Nr. 86]

1632 Einquartierung kaiserlicher Soldaten [LAV NRW R: JB III R K 28, fol. 45]. A Februar 1632 erobern französisch-weimarische Truppen K, Bedburg u. Bergheim. Im Oktober werden kaiserliche Soldaten auf Hs K einquartiert. 1635 beziehen 6 Kompagnien kaiserlicher Truppen unter Piccolomini in K Winterquartier [F. Küch: Die Politik des Pfgf Wolfgang Wilhelm. In: DJb 12 (1897), S. 187, Anm. 1], eine weitere Einlagerung 1638. 1642 Eroberung durch französisch-weimarisch-hessische Truppen. 1643 findet bei K ein Gefecht zwischen kaiserlichen u. hessen-kasselschen Truppen statt. Die Bewohner von Amt u. Stadt K, die nicht geflohen sind, geraten an den *Bettelstab* [LAV NRW R: JB II 3408, fol. 103–104v, 111r/v; G. Engelbert: Der Hessenkrieg am Niederrhein. In: AHVN 161 (1959), S. 100, 102; 162, 1960, S. 77; G. Engelbert: Das Kriegsarchiv des kaiserlichen Feldherrn Melchior v. Hatzfeld, Düsseldorf 1993, S. 83, 225; vgl. LAV NRW R: Herrschaft Paffendorf Akt 5, 27, fol. 45v; M. Merian: Topographia Westphaliae, 1647, S. 77; Andermahr: K, S. 129–131; Drewes: Quellen, S. 113 f.]

1646 Hessische *Occupation* [LAV NRW R: Herrschaft Paffendorf Akt 5, 27, fol. 44]

1648 Stadtbrand mit Zerstörung des Schlosses, das nicht wieder aufgebaut wird [→ II,1; Richter: K, S. 55; Richter: Lebenswelten, S. 118; Jansen: Stadtbefestigung, S. 11]

1650 kaiserliche Truppen in der Stadt [AHVN 162 (1960), S. 93]

1673 spanische Truppen belagern die Stadt [Andermahr: K, S. 134 f.; Jansen: Stadtbefestigung, S. 11]

1679 französische Einquartierung [LAV NRW R: JB III R K 65, fol. 78]

1822 Beim großen Stadtbrand vom 25. November bleiben nur wenige Hss im Zentrum verschont [Clemen, S. 101], die meisten werden wiederaufgebaut, die ältesten stammen aus der 2. H 17. Jh. [Ohm: Bergheim, S. 67 f.]

II, 2 Überschwemmungen, Erftverlagerung

Wegen der ständigen Überschwemmungen durch die Erft wurde 1859 die Genossenschaft für die Melioration der Erftniederung ggr. Sie nahm eine Begradigung des Flusses vor u. vertiefte das Flussbett. Es kam zu mehreren Erftregulierungen. Das Bruchgelände in K blieb um 1970 im Besitz der Bruchberechtigten [Kirchhoff: Bedburg, S. 173 f.]. 1971 erhielt die Erft im Zusammenhang mit dem Braunkohleabbau zwischen Bedburg-K-Harff auf 3 km ein neues Flussbett [Zenker: Braunkohle, S. 150, 194 f.; → Tafel 3, → TK 2015].

II, 2 Friedhof

1477 *kirchoff* [LAV NRW R: JB III R K 167, fol. 9]

1815 ist der *Begräbnisplatz zu* K *noch* immer *an der Kirche mitten im Städtchen*. Er kann *mangels eines Locals nicht verlegt werden* u. ist zu klein. Der Bgm u. der Pfarrer sprechen sich für, der Gemeinderat gegen eine Verlegung auf den Stadtwall aus. 1817–19 wird der alte Friedhof abgeräumt u. ein neuer vor dem St. Agatha-Tor eingerichtet. 1843 Erweiterung [ebd. Reg. Köln 961, fol. 5–19, 21–27, 118–124, 127–130; Torsy: Weihehandlungen, S. 261; Ohm: Bergheim, S. 69; vgl. auch Sta Bedburg: Amt Königshoven 601; zur Lage vgl. → Tafel 1, → Grundriss]

1931 wird der Friedhof in K von der Gem. Epprath mitverwaltet [Sta Bedburg: Amt Königshoven 174]

um 1954 Umgestaltung des Friedhofs, Abräumung der alten Grabsteine aus dem 17./18. Jh. [ebd. 601]

1966 wird eine neue Friedhofskapelle errichtet [ebd. 566]. Friedhof als interkonfessionell bezeichnet [Handbuch des Ebtm. Köln, 26. Ausg., Bd. 2, S. 55]

1977 2 Friedhöfe, 1 neuer Friedhof in (Neu-)Königshoven angelegt [Dickmann: Umsiedlungsatlas, S. 209 f.]

II, 2 Jüdischer Friedhof

1860 neuer Friedhof zwischen K u. Bedburg westl. der Mühlenerft für die Juden aus K u. Königshoven (Größe 0,0587 ha). 1929 Verkauf des Grundstücks. 1959/60 Instandsetzung. 1974 Aufgabe wegen des Braunkohlentagebaus, Verlagerung der Grabsteine nach Elsdorf [Sta Bedburg: Amt Königshoven 926; Andermahr: K, S. 174; Pracht-Jörns: Jüd. Kulturerbe I, S. 165]

II, 2 Städtische Versorgungseinrichtungen

E 18. Jh. brennen in K Laternen [LAV NRW R: Roer-Dep. 1368, fol. 44]

1900 Gründung einer Feuerwehr [Kirchhoff: Bedburg, S. 170]

1905 Anschluss an die Wasserversorgung des Bergheimer Kreiswasserwerks [Beissel 1910, S. 103; Andermahr: K, S. 173 f.]

1910/11 Anschluss an die Elektrizitätsversorgung des „Rhein. Elektrizitätswerks im Braunkohlenrevier" [Andermahr: K, S. 174]

1932 Fertigstellung der Kanalisation [Sta Bedburg: Amt Königshoven 601; Andermahr: K, S. 173]

1974 Eröffnung des Hallenbads an der Harffer Schlossallee, Architekt Hans Rech aus Hennef/Sieg [Sta Bedburg: Amt Königshoven 624–626]

II, 3 Tore

Seit E 14. Jh. ist von 2 Stadttoren auszugehen [→ II,2 Befestigung], die erhalten sind [→ Tafel 1 und 9, → Grundriss u. Basiskarte 2016].

1382 *portze* [LAV NRW R: Jülich Urk 378]. Der 1398 gen. Pförtner/Türwächter wird wohl Dienst auf der Burg wahrgenommen haben [→ III,1 Amtsträger u. Bedienstete]

1400 *Arffpoirte* [Kop 15. Jh., Sloet: Leenaktenboeken Nr. 102a] = 1417 *Arffen-portze bynnen* K *alreneist an der statmüren* [Korth: Mirbach Nr. 236; Jansen: Stadtbefestigung, S. 13, dort ist 1404 in 1417 zu verbessern] = 1499 *Arffportzen* [Korth: Mirbach Nr. 844] = 1500/01 *Overste Poertze* [LAV NRW R: JB III R K 1, fol. 7], hat um 1460 einen eigenen Pförtner [ebd. JB I 1306, fol. 4]. 1609 *die Pfortze dha man von Cöllen herinkombt, genandt die Erfft-Pfortze* [ZAGV 3 (1881), S. 254] = heute Erfttor [vgl. Ohm: Bergheim, S. 62; Andermahr: K, S. 235]. Das Erfttor ist bis A 17. Jh. Burglehen. 1500/01 werden für die Armen der Stadt *v der Poertz* 24 Malter Roggen zum Brotbacken verwandt. 1520 bringt die Pforte 20 Malter Roggen Rödinger Maß p.a. Der Burgmann hat für das Schließen des Tors zu sorgen. 1583 Reparatur [LAV NRW R: JB III R K 1, fol. 28; ebd.: Herrschaft Paffendorf Akt 5, 31, fol. 49, 52r/v, 82v; ebd. Jülich Mannkammerlehen 496, fol. 3; 494, fol. 13; vgl. 495, fol. 18–19, 23]. Um 1755 wird das Tor an der Erft *Churfürstl[iches] Thor* gen. [→ Tafel 7; vgl auch LAV NRW R: JB III R K 135, fol. 144 = 1774/75]. Im Frühjahr 1945 bei der Sprengung der Erftbrücken weitgehend zerstört. In den 1980er Jahren Wiederaufbau [Jansen: Stadtbefestigung, S. 12]

1477 Buschpforte [Korth: Mirbach Nr. 667] = 1499 *Veltportze* [ebd. 838; vgl. LAV NRW R: Jülich Mannkammerlehen 495, fol. 2–5, dort weitere Lehensvergaben bis 1791; vgl. ebd. Herrschaft Paffendorf 5, 31, fol. 2, 19]. Sie ist identisch mit der 1500/01 gen. Unteren Pforte [ebd. JB III R K 1, fol. 7; vgl. auch ebd. JB I 1170, fol. 2v] u. der um 1520 erw. *Sant Agathenpfortz* [ebd. Hauptgericht Jülich 1928, fol. 94v]. 1760/61 St. Agatha- oder Buschpforte [ebd. JB III R K 140, fol. 24v] = heute St. Agatha-Tor [vgl. Ohm: Bergheim, S. 62; Andermahr: K, S. 44, 234; Jansen: Stadtbefestigung, S. 12 f.]. Das Tor war spätestens A 15. Jh. Burglehen u. brachte im 16. Jh. 16 Malter Roggen p.a. [LAV NRW R: JB Lehen Generalia 2, fol. 70; ebd. Jülich Mannkammerlehen 493, fol. 44]. Es hatte im 16. Jh. eine als *Bolwerk* bezeichnete Vorbefestigung [ebd. 494, fol. 13v]. Nach dem Brand v 1642 werden nur noch 2 der vorherigen 3 Geschosse des Torbaus wiederaufgebaut. Im 17. Jh. sind die v Bawyr zu Frankenberg u. als ihre Rechtsnachfolger die Ritz v Etgendorf als Inhaber des Gutes Hohenholz [→ I,6] mit dem St. Agatha-Torlehen belehnt. Sie sind zur Unterhaltung des Tors u. des Torwächters verpflichtet, der p.a. eine Rente v 5 Malter Roggen u. 54 Stüber v verschiedenen Hss u. Ew erhält [Sta Mönchengladbach: Best. 24 Akt 126, dort Rechtsstreit über Lieferung eines Anteils der Naturalabgabe oder Zahlung im entsprechenden Wert nach Abschaffung der Lehen = 1823–25]. 1706 erhält der Bote v den 15 Malter Korn Lehensabgabe 5 Malter p.a. [LAV NRW R: Jülich Mannkammerlehen

493, fol. 140]. Im 17. Jh. befindet sich am Tor ein Schlagbaum [ebd. JB III R K 21, fol. 43 = 1623/24]. E 18. Jh. wird das Tor repariert u. erhält 1775 ein flaches (*plattes*) Dach [ebd. Jülich Mannkammerlehen 495, fol. 131]. 1776 wird es zur Amtsstube u. Registratur eingerichtet u. ein Teil als kleiner *carcer civilis* genutzt [ebd. 151v, 156v; vgl. Sta Mönchengladbach: Best. 24 Akt 126 = 1823; → II,6]. Noch A 19. Jh. hat es einen Pförtner. 1821 = Feldtor [→ Tafel 1, → Grundriss; Sta Mönchengladbach: Best. 24 Akt 126 = 1818]. Die an der Innenseite des Tors angebrachte Agatha-Statue stammt aus dem 18. Jh. [Ohm: Bergheim, S. 62; vgl stilisierte Darstellung v 1893, → Tafel 9 Nr. 2 u. 3, dort als Bergheimer Tor bezeichnet]. 1590/91 liegt vor der Buschpforte ein Weier *langs dem Wall* [LAV NRW R: JB III R K 12, fol.47; 150, fol. 126v = 1759/60], der A 19. Jh. noch teilweise erhalten ist [→ Tafel 1, → Grundriss]

1500/01 erhält jeder der 2 Pförtner vom Hz 5 Ellen Tuch, der vom St. Agatha-Tor zusätzlich 10 Ellen *Boertzen* u. der v der Buschpforte 5 Ellen *Weiß* [LAV NRW R: JB III R K 1, fol. 7]

1583 sollen die Bgm *Lehenleuth beider Pfortzen* suchen [ebd. Jülich Mannkammer 494, fol. 15]

1586 werden die beiden Tore mit Hameien versehen [ebd. fol. 15, 30]

1586 gibt es eine kleine Pforte, *da der Kellner nach dem Diergarten außgehet* [ebd. fol. 25]

1626 werden die Tore nach dem Brand v 1624 wiederaufgebaut [ebd. JB III 815, fol. 5; → II,2 Brände]

1937–39 teilweise Renovierung der Stadttore [Andermahr: K, S. 155]

1950 Instandsetzung der Stadttore. 1951 wird am Erfttor das Stadtwappen angebracht [Sta Bedburg: Amt Königshoven 601]

1960 Restaurierung des St. Agatha-Tors [ebd. 566]

E 1980er Jahre Beginn v Sicherungsarbeiten an den beiden Stadttoren. Reparatur u. neuer Anstrich der alten Holztore [Jb Rhein. Denkmalpflege 39 (2004), S. 216]

II, 3 Türme

1414 ist ein Vierkantturm innerhalb der Stadtmauer (*een vierkant turn in der stadt muren*) Burglehen [Kop 15. Jh., Sloet: Leenaktenboeken Nr. 102; LAV NRW R: Herrschaft Paffendorf Akt 5, 31, fol. 1v = 1430; ebd.: Jülich Mannkammerlehen 493, fol. 34v, 36 = 1594]

1583 sitzt auf dem Stadtturm (*uf dem Thorn*) ein *Tagswechter* [LAV NRW R: Jülich Mannkammerlehen 494, fol. 15, 19, 20]. Dieser Turm ist wohl identisch mit dem M 18. Jh. erw. großen Stadtturm [ebd. JB III R K 134, fol. 22v = 1754/55; vgl. Andermahr: K, S. 43]

II, 5 Straßen und Wege

Das Urkataster, das nicht im Original überliefert ist, sondern nur in Umzeichnungen der 1950er u. 1960er Jahre, bietet innerorts keine Str. namen [vgl. → Tafel 1, Grundriss].

intra muros

1459 *Burchstraisse* [Korth: Mirbach Nr. 505; ebd. 843 = 1499; vgl. LAV NRW R: Jülich Mannkammerlehen 494, fol. 19, 20 = 1583]

1499 *gemeyne gasse* [Korth: Mirbach Nr. 843]

1509 *Arffstraiße* [ebd. Nr. 910] = 1547 *Erfstr.* [ebd. Nr. 1177]

1523 Gassen (*gemeyne Gass*) an der Stadtmauer, an den Stadttoren u. der Mühle [LAV NRW R: Hauptgericht Jülich 1828, fol. 94v]

1598/99 *Gaß die nach dem Kirchhove gehet* [ebd. JB III R K 14, fol. 303v], wohl identisch mit 1770/71 *Gaß die nach dem Kirchoff u. Rathhauß* geht [ebd. 149, fol. 90]

1623/24 *Apoteekenstraeße,* mündet in die Burgstr. [ebd. 21, fol. 93]

1774/75 soll das Pflaster der durch die Stadt führenden Str. erneuert werden [ebd. 135, fol. 144]

extra muros

1511 *Zippelweeg* [Richter: Lebenswelten, S. 209] = 1553 *Zippelgasse* [LAV NRW R: Jülicher Gerichte 490] = 1555/56 *Syppelgaß* [ebd. JB III R K 3, fol. 265v]. Er führte zum *Zippelbroich* [→ I 9]

1573 *Steinweg* [LAV NRW R: Jülicher Gerichte 490] = 1821 *Stein Weg* [→ Tafel 1, Grundriss; → Tafel 4, → Karte Bgm K] = heute St.-Rochus-Str. [→ Tafel 1, Basiskarte 2017]

1578/79 *Wolffsgasse* [LAV NRW R: JB III R K 9, fol. 245]

II, 5 Plätze

1500/01 *mart* [→ III,2 Markt]

1626 Markt *gegen der Kirche uber gelegen*. Seine Dreiecksform (*Triangel*) wird eigens hervorgehoben. Er war mit gelblichen Steinen gepflastert [LAV NRW R: JB III 815, fol. 2, 10; vgl. Richter: K, S. 56; vgl. → Tafel 1, Grundriss]

II, 5 Brücken

1387 Brücke über die Erft in K. Bis dort reicht die Herrschaft Bedburg [REK IX 1472 I]

1547/48 Reparatur der Burgbrücke [LAV NRW R: K JB III R K 2, fol. 82]

1553/54 gibt es eine *vurste* u. eine *hinderste Brugg* [ebd. 3, fol. 100v]

1566/67 Bau einer neuen Brücke *nest der Stat* [ebd. 6, fol. 40]

1573 geht v der Erftpforte [→ II,4] eine Steinbrücke (*Stadtbruck*) über die Erft. Sie hat eine Länge v 32 Fuß (= ca. 8,28 m). Es wird der Bau einer neuen steinernen Brücke über die Erft mit 2 Bögen (*Bagen*) geplant, die durch einen Pfeiler (*Piller*) im Fluss gestützt werden u. eine Länge v 40 Fuß (= ca. 11,60 m) sowie eine Breite v 14 Fuß (= ca. 3,06 m) erhalten soll [LAV NRW R: JB III 1156, fol. 201, 203]

1583 Bau einer neuen Steinbrücke über die Kleine Erft [ebd. JB III R K 10, fol. 269, 382; vgl. ebd. Jülich Mannkammerlehen 494, fol. 17 = 1586]

1586 werden *etliche Orthen* zwischen Schloss u. Tiergarten mit Zugbrücken versehen [ebd. Jülich Mannkammerlehen 494, fol. 30]

1601/02 Holzbrücke am Erfttor. Die *mittelste Brügk* ist teils eingefallen [ebd. JB III R K 15, fol. 328; → II,3]

um 1755 gibt es eine Brücke über die Erft am Erfttor, eine über die Kleine Erft u. eine an der Grenze zu Kurköln [→ Tafel 7; vgl. auch LAV NRW R: JB III R K 135, fol. 144 = 1774/75]

um 1865 Brücke über die Mühlenerft [Archiv des Erftverbandes Bergheim: Karte 4502–12; → Tafel 3, TK 1893]

1904 Errichtung einer eisernen Brücke über den Flutkanal der Erft [Beissel 1910, S. 276]

1945 Zerstörung der 2 Erftbrücken durch deutsches Militär. Wiederaufbau 1950er Jahre [Sta Bedburg: Amt Königshoven 601; Andermahr: K, S. 185]

II, 5 Gebäude

1402 sind 6 Hss in der Stadt Burgmannlehen [Kop 16. Jh., LAV NRW R: JB Lehen Generalia 1, fol. 34; zu den Hss der Burgmannen in der Stadt vgl. Andermahr: K, S. 91 f.]. Im 15. Jh. ist 1 Burgmannlehen geldrisch [Sloet: Leenaktenboeken Nr. 102, 102 a]. 1594 hat eines der 2 verbliebenen Burgmannhäuser einen Turm [→ II,4]

um 1459 *wijnhuyss* [Korth: Merode, Nr. 505]

1473 *wirtzhuse* [LAV NRW R: JB III R K 167, fol. 12]

1523 *Loeffe* (Rathauslaube?) [ebd. Hauptgericht Jülich 1928, fol. 94v; vgl. Andermahr: K, S. 45]

1550/51 wird das *Bussenhouß* (Waffenmagazin?) wiederaufgebaut [LAV NRW R: JB III R K 2, fol. 262; ebd. 3, fol. 99 = 1553/54; vgl. Andermahr: K, S. 45]

1567/68 altes Vogthaus am Wall [LAV NRW R: JB III R K 6, fol. 160v; ebd. Jülich Mannkammerlehen 494, fol. 14 = 1583; Dehio NRW, S. 117 = 1686]. Heute Kirchstr. 38 [→ Tafel 1, Basiskarte 2017]

1609 *Bürger-Rahthaus* [ZAGV 3 (1881), S. 254, vgl. ebd. 33 (1911), S. 167]. Es steht mitten auf dem Markt, wird 1776 aufgegeben u. ist E 18. Jh. im Besitz eines K.er Schöffen [Sta Mönchengladbach: Best. 24 Akt 126]. 1769 soll es als Küsterei u. Schulhaus genutzt werden. Nach der Aufgabe werden Amtsgeschäfte im St. Agatha-Tor geführt [LAV NRW R: Jülich Mannkammerlehen 495, fol. 151r/v; → II,3]

1972 Fertigstellung eines neuen Rathauses. 1975 nach der kommunalen Neuordnung Rathaus der Stadt Bedburg [Sta Bedburg: Amt Königshoven 567; Andermahr: K, S. 191]. Heute Umbau u. Erweiterung zur neuen Verwaltungszentrale für die Stadt Bedburg. Fertigstellung 2019

II, 6 Rechtsdenkmäler

1385 Gefängnis in der Burg [LAV NRW R: Jülich Urk 405, ebd. JB I 1306, fol. 72 = 1493; ebd. JB III R K 167, fol. 96 = 1577, fol. 106v = 1590; REK XI 2128 = 1408]. Hier wird auch der 1398/99 erw. Gefangene aus Brabant eingesessen haben [Herborn/Mattheier: Rechnung, S. 45]

1473 Gericht *up der straisse tusschen nuynsberg* [LAV NRW R: JB III R K 167, fol. 12v]
1497 Galgenberg zu Harff erw. [Korth: Mirbach Nr. 824]
1776 wird ein Teil des St. Agatha-Tors als Gefängnis genutzt [→ II,3]

II, 7 Größe des umwehrten Areals in ha (N-S- u. W-O-Ausdehnung)

Agathator-Erfttor rund 232 m, größte N-S-Ausdehnung rund 207 m, größte W-O-Ausdehnung rund 262 m, Areal: 3, 9 ha

III Herrschaft und Gemeinde

III, 1 Grund- und Gerichtsherrschaft

Die Grund- u. Gerichtsherrschaft besaßen die edelfreien Herren v K als Burgherren, die 1148 mit Heinrich v K erstm. erw. werden [→ I,3]. Er war vielleicht mit den Gf v Berg verwandt. Heinrichs Schwiegersohn Reinhard, der sich 1156 v K nannte [→I,3], stammte vermutl. aus der Familie Hochstaden-Wickrath. Nach Heinrichs Tod vor 1176 traten seine Söhne Gerhard u. Gerlach das Erbe an. Letzterer wird 1190 zum letzten Mal gen. [→ I,3]. Danach ging K an die benachbarten Herren v Dyck über, die es um 1263 an Gf Wilhelm IV. v Jülich veräußert haben werden [Andermahr: Stadtrechte, S. 7; Andermahr: K, S. 18–29; dort S. 26f. Zurückweisung der irrigen Auffassung, der 1231 erw., vermutl. berg. Ministeriale *Godescalus de Castre*, NrhUB II 172, habe zu den Herren v K gehört. Bers: K, S. 14 hält ihn für einen „Jülicher Lehensmann“]. 1273 war die Burg K in Wilhelms Besitz, der sie mit Liedberg u. Worringen für 3.000 Mark kölnisch an Rudolf v Habsburg verkaufte u. sie sich v ihm als Reichslehen auftragen ließ, wohl um einer Aneignung durch den Eb v Köln zuvorzukommen [Bers: K, S. 12; → III,1 Pfandschaften, Verschreibungen, Verkauf; Kraus: Jülich, S. 126f.; Richter: Lebenswelten, S. 104]. Nach dem Tod Wilhelms v Jülich u. der Aufteilung der Gft unter seine Söhne Walram, Otto u. Gerhard erhielt Letzterer K. 1287 nannte er sich Herr v K [→ I,3]. Nach dem Tod seines älteren Bruders Walram fiel 1297 die Gft an ihn [Kraus: Jülich, S. 176], sodass es zum Aufbau einer eigenen Territorialherrschaft K nicht mehr kam, sollte sie denn v ihm geplant gewesen sein. Nach seinem Tod 1328 fiel K jedoch als Witwengut Elisabeths v Brabant eine Ausnahmestellung zu [C. J. Kremer: Akademische Beiträge z. Gülch- u. Berg. Geschichte, Bd. 3, 1781, S. 148; Andermahr: K, S. 32]. 1334 ist vom Siegel der *domine nostre Elizabeth, comitisse senioris Juliacensis* die Rede, unter deren Gerichtsbarkeit (*sub cuius jurisdictione*) Äcker (*jurnales*) bei Kirchherten gelegen sind (*siti sunt*). Das weist darauf hin, dass Elisabeth das Amt K besessen haben wird [Kop E 14. Jh., HStAK: Best. 204 St. Aposteln RuH 2, fol. 120; LAV NRW R: Kl Bedburg/Erft Urk 7. Die Angaben bei Andermahr: Stadtrechte, S. 9f. sind teilweise zu korrigieren]. 1336 nannten sie die K.er Schöffen *domina nostra, domina comitissa Juliacensis vero domina dominii nostri*, womit K als eigene Herrschaft (*dominium*) bezeichnet wurde. Diese Sonderstellung K.s hat vermutl. bis zu ihrem Tod um 1350 bestanden [zu ihren Lebensdaten vgl. Kraus: Jülich, S. 33]. Unter Maria d'Harcourt nahmen um 1423 Stadt u. Amt K noch einmal eine ähnliche Sonderstellung wie unter Elisabeth v Brabant ein [→ III,1 Pfandschaften, Verschreibungen, Verkauf zu 1404/05].

III, 1 Vogtgeding

Ein ungebotenes Ding des vogteilichen Hochgerichts v K ist anzunehmen, auf dem die für das 16. Jh. überlieferte *Wroich* verlesen wurde, die Amtmann u. Vogt unterzeichnet hatten [→ III,1 Weistümer]. Weitere Einzelheiten sind nicht bekannt.

III, 1 Landgeding

K.er Schöffengericht. 1332 werden *scabini* gen. [Kop E 14. Jh., HAStK: 204 St. Aposteln RuH 2, fol. 133]. 1348 stand an ihrer Spitze ein Richter [ebd., fol. 129. vgl. Korth: Mirbach Nr. 505 = 1459; Nr. 506 = 1560]. Die Schöffen waren zugleich für das Amt zuständig: *scheffen gemeynliche van* K *ind des ampte*. Aus dem Schöffenkollegium scheint der Rat der Stadt hervorgegangen zu sein [→ III,6]. 1489 standen an seiner Spitze Amtmann u. Vogt. Die Schöffen urteilten (*scheffenourdell*) nach Landrecht [*lantrecht*, LAV NRW R: JB I 1170, fol. 13]. 1616 werden die Schöffen des *Stattgerichts* K erw. [Sta Mönchengladbach: Best. 24 Akt 186].
1471 Dingstuhl [LAV NRW R: JB I 1170, fol. 10]
1570 *Dinkmal* [ebd. Jülicher Gerichte 490]

Im 16. Jh. beurkundeten 2–3 Schöffen Akt des Grundstückverkehrs [ebd.]. M 17. Jh. verfügten 7 Schöffen mit dem Landboten über 7 Mg zu ihrem *Underhalt*. Das Land war kurmutpflichtig [ebd. JB III R K 55, fol. 21v; 60, fol. 21; 65, fol. 34v; 70, fol. 34; 75, fol. 33]. 1597 wird ein *Procurator* des Stadtgerichts erw. [ebd. Hauptgericht Jülich 2002, fol. 3].

III, 1 Weistümer

1523 K.er Weistum (*Wroich, Wroegh*) [LAV NRW R: Hauptgericht Jülich 1928, fol. 1–96v; ebd. JB III 1156, fol. 401–403; Andermahr: K, S. 204–206; vgl. ZAGV 2 (1880), S. 304–306 nach späteren Abschriften]
1526 Kirchen u. Sendweistum v Lipp [A. M. Koeniger: Sendgerichte in Deutschland, Weimar 1910, S. 58–61; vgl. Redlich: Patronat, S. 92]

III, 1 Amtsträger und Bedienstete

1318 *officiatus* [Kop E 14. Jh., HAStK: Best. 204 St. Aposteln RuH 2, fol. 125]
1332 *scabini* [→ III 1 Landgeding]
1343 *burchlude* [LAV NRW R: Jülich Urk 174; NrhUB III 816 = 1378; LAV NRW R: Jülich Urk 378 = 1382, ebd. 408 = 1386]
1343 Burgmann [ebd. 174]. 1386 gibt es 2 Burglehen [ebd. 408 = 1386]. A 15. Jh. gibt es 10 [R. Knipping: Niederrhein. Archivalien i. der Nationalbibliothek u. dem Nationalarchiv zu Paris, 1904, Nr. 94 = 1405] u. E 15. Jh. 18 Burgmänner [LAV NRW R: JB I 1058, fol. 73]. Im 17. Jh. werden 19 Burgmannslehen gen. [ebd. Jülich Mannkammerlehen 493, fol. 42–45 = 1656; zu den Burgmannen vgl. auch Richter: Lebenswelten, S. 113–116]
1348 *amptman*, Richter [Kop E 14. Jh., HAStK: Best. 204 St. Aposteln RuH 2, fol. 129]. Der Amtmann zu K ist für *stat ind gantze lande ind ampte* K zuständig [LAV NRW R: JB RuH 29, fol. 457 = 1471]
1369 Amtmann [REK VII 941; Doorninck: Briefwisseling, S. 101 = 1391]
1378 Vogt [REK XII 1266; Herborn/Mattheier: Rechnung, S. 68 = 1398]
1394 Burggf [LAV NRW R: Jülich Urk 462; vgl. ebd. JB I 2, fol. 20 *boirchgreve* = 1405]
1395 *kuchenmeister* [RRA V 707]
1398 *portzener* [Herborn/Mattheier: Rechnung, S. 73] = 1398/99 *porterer, dorenwerter* [ebd., S. 90, 92f.]
1398 u. 1399 *visscher, vischmeister* [ebd., S. 74, 87, 93]
1399 *jeger* [ebd., S. 63, 93]
1403 Kellner [REK XI 661, 673; LAV NRW R: JB I 1306, fol. 9 = 1416]
1405 *capitaneus castri, capitaneus vassalli, boirchgreve, boirchmanne, heustlude, vassaulx* [Kop 15. Jh., LAV NRW R: JB I 2, fol.19, 20, 38v, 40v]
1407 Rentmeister [REK XI 1881]
1416 *korenmeister* [LAV NRW R: JB I 11, fol. 2a]
1435 macht Hz Adolf v Jülich-Berg Henrich Hunder v Sinzig, der ihm 200 gute, schwere oberländische rhein. Gulden gezahlt hat, zum Vogt zu K u. vereidigt ihn [ebd. JB Urk 236]
1459 ist Konrad v Laach Amtmann in K, seit 1475 Kellner des Amts, 1475/76 Landrentmeister. 1477 erwirbt er in K das Haus *zum Thorr*, ein Burglehen [Richter: Lebenswelten, S. 101f., vgl. auch S. 209, 264–267]
1471 *schultis* [LAV NRW R: JB I 1170, fol. 10; vgl. Korth: Mirbach Nr. 850 = 1500; ebd. Nr. 1423 = 1577; LAV NRW R: JB III R K 3, fol. 7v = 1552/53]
1495 *droisst* unter den 18 Burgmannen [LAV NRW R: JB I 1058, fol. 73]
1500/01 2 Pförtner (*Poertzener*), 1 *Heumeister* [ebd. JB III R K 1, fol. 7]
1517/18 *Cantzeler, Kymmerlinck* [ebd. fol. 13v, 142]
1548/49 Fischmeister [ebd. 2, fol. 119v, 120v]
1560 *Stathälter, Stathalter* [ebd. Jülich Lehen 493, fol. 25, 28, 30]
1571 *Lehenschreiber* [ebd. fol. 31]
1583 *Gerichtsschreiber* [ebd. Jülich Mannkammerlehen 494, fol. 13v]
1597 Notar [ebd. Hauptgericht Jülich 1928, fol. 48]
1615 *Bevelhaber* [ebd. Jülich Mannkammerlehen 93, fol. 37]
1616 Landbote [Sta Mönchengladbach: Best. 24 Akt 126; LAV NRW R: Jülich Mannkammerlehen 493, fol. 118 = 1698]
1623/24 Nachtwächter, Gerichtsschreiber [LAV NRW R: JB III R K 21, fol. 44, 45]
1687 Advokat [Sta Mönchengladbach: Best. 24 Akt 126]

1756 erhält der Nachtwächter 17 Rtl. u. der Feldschütze 12 Rtl. Lohn [LAV NRW R: Roer-Dep. 1368, fol. 43r/v]

1769 1 *Avocat Légal*, 1 *Procureur*, 2 *Messagers* [Almanach éléctoral palatin, Mannheim 1769, S. 129]

1778 2 *Avocats*, 1 *Procureur*, 2 *Valets* [Almanach éléctoral palatin, Mannheim 1778, S. 182]

1788 Notar [ZBGV 79 (1962), S. 94, 119; vgl. LAV NRW R: Roer-Dep. 1368, fol. 103 = 1797]

1789 ist der Notar für das Amt K zugleich für das Amt Grevenbroich zuständig [ZBGV 79 (1962), S. 89, 120]

1797 Landbote [LAV NRW R: Roer-Dep. 1368, fol. 43v]

1798 2 Notare, einer zugleich Prokurator des Amtes K [Bers: K, S. 76]

III, 2 Pfandschaften, Verschreibungen, Verkauf

1273 kauft Kg Rudolf v Habsburg v Gf Wilhelm IV. v Jülich u. a. die Burg K u. gibt sie ihm als Lehen zurück [*titulo feodo concedimus*, → I,3]. Spätere Lehensvergaben sind nicht erfolgt

1358 verkaufen Hz Wilhelm I. v Jülich u. sein Sohn Gerhard, Gf v Berg, Reinhard v Schönforst, dem Burg, Stadt u. Amt K seit 1355 verpfändet sind, für 70.000 alte Schilde die Herrschaften Zichem (*Siechgem*) u. Attenrode (*Sent Agathenroide*) in Brabant. Sie erhalten K, wenn die restlichen 50.000 v 100.000 Reinhard geschuldeten alten Schilde für die Verpfändung bezahlt sind [G. D. Franquinet: Les Schoonvorst, Roermond 1874, S. 14; LAV NRW R: Herrschaft Heinsberg RuH 2, fol. 139v–140v]. 1359 ist K noch im Besitz Reinhards [Nijhoff II 94; Böck: Herzöge, S. 172, Anm. 607]. 1361 fällt K an Jülich zurück [NdrhUB III 621]

1394 gehört u. a. K zum Wittum Marias v Brabant [Nijhoff III 190; Böck: Herzöge, S. 267–269]

1404/05 verschreibt Hz Reinhard v Jülich-Geldern u. a. die Burg u. den befestigten Ort K seiner Frau Maria d'Harcourt als Wittum [→ I,4; LAV NRW R: JB I 2, fol. 20; vgl. ebd. JB Urk 629 = 1412; Böck: Herzöge, S. 310; Oosterman: Sporen, S. 109 f.]. Dies wird nach seinem Tod 1423 wirksam [LAV NRW R: JB I 1306, fol. 9]. Außerdem muss auch das Amt K als Wittum an sie gefallen sein, da sie 1425 Godard v Harff dort als ihren Amtmann einsetzt [ebd. 1170, fol. 4; vgl. Corsten: Residenzen, S. 105 f.; über das Wittum Marias vgl. Böck: Herzöge, S. 386, Anm. 42]. K wurde zur Lieblingsresidenz Marias d'Harcourt als Hzn v Geldern [Oosterman: Maria, S. 57]

1444 lässt Hz Gerhard v Jülich-Berg den Landdrosten Godard v Harff solange im Besitz des Amtes K, bis er die 440 Gulden erstattet hat, für die Godard eine auf das Vogtamt lautende Verschreibung v Wilhelm Noulde erworben hatte [LAV NRW R: JB I 1170, fol. 8; über die Verschreibung des Vogtamts vgl. ebd. JB Urk 454 = 1443]

1462 verpfändet Hz Gerhard v Jülich-Berg seiner Ehefrau Sophia v Sachsen die Ämter Randerath u. Düren anstatt des ebenfalls verpfändeten Amts K, das ihr als Wittum zugewiesen ist [ebd. JB RuH 28, fol. 2–5]

1463 wird in der Eheverabredung Hz Gerhards v Jülich-Berg mit Gf Johann v Nassau-Saarbrücken für ihre Kinder Wilhelm (1455–1511) u. Elisabeth (1459–79) u. a. vereinbart, die dem Hz zustehenden ¾ an Amt, Burg u. Stadt K Elisabeth als Wohnung u. Wittum (*woenyngen ind wedom*) zuzuweisen. Die Ehe soll vollzogen werden, wenn Elisabeth 15 Jahre alt geworden ist [ebd. JB Urk 1066 = C. J. Kremer: Akademische Beiträge zur Gülch- u. Berg. Geschichte, Bd. 1, 1769, S. 112; über den Rückfall des Jülichschen Quarts an Jülich-Berg vgl. LAV NRW R: JB Urk 1146 = 1469 = Kremer, S. 125–128]

III, 2 Markt

1500/01 werden v dem Markt (*mart*) in K keine Abgaben verlangt [LAV NRW R: JB III R K 1, fol. 3v]

1801 1 Pferde- u. Fohlenmarkt [ebd. Dep. Moers II F 6]

1809 2 eintägige Jahrmärkte, einer im Oktober für Vieh, einer im November für Kurzwaren [Andermahr: Statistik, S. 51]

III, 2 Zoll

1315 ist Gf Gerhard v Jülich im Besitz des Zolls (*theolonium*) zu K, den er an den Burgmann R Werner Princel u. seine Ehefrau Helleburgis verpfändet hat [LAV NRW R: Jülich Urk 74 = 1315; NrhUB III 126 hat irrig 1314]

1339 bestätigen Helleburgis, Witwe R Werner Princyl, u. ihre 3 Töchter v Mkgf Wilhelm v Jülich für den Zoll zu K (*thelonium opidi* K) eine gewisse Summe Geld erhalten zu haben u. auf ihn künftig keine Ansprüche mehr zu besitzen [LAV NRW R: JB RuH 17 Nr. 236; Andermahr: Stadtrechte, S. 15]. Im 16. Jh. heißt es, die Stadt K sei schon länger vom Zoll befreit [LAV NRW R: JB II 5126, fol. 220]

III, 2 Bede

Im 16. Jh. ist die Stadt K auf Grund *furstlicher Previlegien* v der Bede schon länger befreit [ebd.]

III, 2 Akzise

1398/99 zahlt K an den Hz v Jülich 190 Mark Wein- u. Bierakzise [Herborn/Mattheier: Rechnung, S. 36]

1571 zahlen die Stadt K u. Paffendorf ungefähr 30 Gulden Akzise [Below II, S. 194]

1590/91 weist die Stadt K in Kopie ein Privileg vor, das sie v der Akzise befreit ist [LAV NRW R: JB III R K 12, fol. 8]. Sie war noch im 18. Jh. akzisefrei [ebd. 140, fol. 19]

1797 zahlt die Stadt 44 Rtl. 30 Albus Bier- u. Branntweinakzise [ebd. Roer-Dep. 1368, fol. 105]

III, 2 Schatz/Landsteuer

1398/99 zahlt K weder Mai- noch Herbstschatz. Diese Freistellung, für die eine Begründung fehlt, gilt noch im 16. u. bis zum 18. Jh. [Herborn/Mattheier: Rechnung, S. 33; LAV NRW R: JB III R K 1 = 1500/01; ebd. JB II 5126, fol. 220 = 1534]

1447 zahlt die Stadt 250 oberländische Gulden, 1513 150 u. 1535 100 Goldgulden Steuern [ZBGV 24 (1888), S. 50; ebd. 28, (1892), S. 149]

1534 zahlt K keine Landsteuer [LAV NRW R: JB II 5126, fol. 180, 220]

1577 zahlt K 173 Rtl. 10 Albus 8½ Heller Landsteuer. V rückständigen 200 Goldgulden werden ihr 50 *des brandtz halver* nachgelassen, 1587 86 Rtl. 44 Albus, 1589 86⅔ Rtl. [Below II, S. 294, 298, 723, 924]

1681 zahlt sie 270 Rtl. 60 Albus Landesbeitrag [ZBGV 8 (1872), S. 167]

III, 2 Türkensteuer

1577 ist die Stadt K v der Türkensteuer v 1558 u. 1559 noch 36 Gulden 35 Albus 8 Heller schuldig geblieben [Below II, S. 299]

III, 2 Kriegssteuer

1586 wird der Bitte der Stadt um Erlass der Kriegssteuer nicht entsprochen [LAV NRW R: Jülich Mannkammerlehen 494, fol. 38]

III, 2 Wegegeld

1398/99 zahlt die Stadt K 45 Mark, 1500/01 12 Mark Wegegeld [Herborn/Mattheier: Rechnung, S. 36; LAV NRW R: JB III R K 1, fol. 3v]

1740/41 ist das Wegegeld zu K auf 24 Jahre verpachtet [LAV NRW R: JB III R K 120, fol. 17]. Im 18. Jh. waren für 1 Pferd, 1 Kuh u. 1 fettes Schwein 8 Heller, für 1 Rind u. 1 mageres Schwein 4 Heller, für 1 Schaf 2 Heller zu zahlen [ebd. 140, fol. 19v]. Es wird auch *Leimgeld* gen. [ebd. 135, fol. 95]

III, 2 Grut

1398/99 zahlt die Stadt K 80 Mark Grut [Herborn/Mattheier: Rechnung, S. 46]

III, 2 Pfennigsgeld

1398/99 geben die Hofstätten u. Güter (*goide*) zu K p. a. je 1 Kapaun, insgesamt 199 Kapaune [Herborn/Mattheier: Rechnung, S. 53]. 1500/01 wird diese Abgabe Pfennigsgeld gen., die

2 Mark 10 Schilling bringt, 1 Kapaun wird zu 3 Raderheller gerechnet. Es werden insgesamt 292 Kapaune geliefert [LAV NRW R: JB III R K 1, fol. 3v, 33]

1556/57 sind die in der Stadt fälligen Kapaune *schwerlich zu erhalten*, weil die K.er nach dem Brand v 1542 [→ II,2 Brände] *ire Gehuechter noch nit inn all uffgebouwet* haben. Deshalb zahlt jedes Hs oder Grundstück 2 Raderalbus. Das ergibt insgesamt 15 Gulden 14 Albus u. entspricht 192 Kapaunen [LAV NRW R: JB III R K 4, fol. 22]. 1559/60 werden 292, 1578/79 180, 1754/55 326 ¾ Kapaune geliefert [ebd. 4, fol. 93v, ebd. 9, fol. 122v, ebd. 134, fol. 102]; zur sog. *Kapaunen-Rente* vgl. auch Sta Bedburg: Amt Königshoven 601]. Im 18. Jh. gehören neben K noch Pütz u. 1 Hs in Harff zu den Abgabepflichtigen [LAV NRW R: JB III R K 134, fol. 102 = 1754/55]

III, 3 Stadtrechtsverleihung bzw. Freiung, Privilegierungen

Eine Urk über eine Stadtrechtsverleihung ist nicht vorhanden u. wohl auch nie ausgestellt worden. K ist zur Stadt herangewachsen. Als der Ort 1336 erstm. als *opidum* bezeichnet wird [→ I,4], ist der Stadtwerdungsprozess noch nicht ganz abgeschlossen, da K zu diesem Zeitpunkt ausdrücklich weder ein eigenes Siegel besitzt, noch über eine den Ort umschließende steinerne Mauer verfügt. Sie ist erst für E 14. Jh. nachweisbar [→ II,2 Befestigung; → II,3], ein Siegel erst nach M 14. Jh. [→ III,5 Siegel]. 1368 wird K sogar noch einmal *dorp* gen. [→ I,4]. K.s Stadtwerdung hängt eng mit der fortifikatorischen u. administrativen Bedeutung (Amtssitz) der Burg [→ II,1] u. deren Nutzung als Aufenthaltsort der Witwen der jülichschen Dynasten im 15. Jh. zusammen [→ III,9; zur Stadtwerdung vgl. Bers: K, S. 14–17; Andermahr: K, S. 30–38]. Ob Elisabeth v Brabant [vgl. → III,1 Grund- u. Gerichtsherrschaft] im 1. Drittel des 14. Jhs. eigens Einfluss auf die Entwicklung v K zu Stadt genommen hat [Andermahr: K, S. 34], steht dahin.

1417 wird *dat statrecht* zu K erw. [Korth: Mirbach Nr. 236]. Es ist vermutl. nur ein Hinweis auf die dort übliche Rechtspraxis im „Erb- u. Kaufrecht" u. nicht auf ein „kodifiziertes Stadtrecht" [Andermahr: K, S. 38]

1445 gehört K zur Kurie der jülichschen Städte [Below I, S. 18, Anm. 15]

1936 erhält K das Recht auf Führung eines Stadtwappens durch den Oberpräsidenten der Rheinprovinz [Sta Bedburg: Amt Königshoven 594]

1941 teilt der Regierungspräsident Köln dem Landrat des Kr. Bergheim mit, dass keine Bedenken bestehen, die Gem. Bergheim, Kerpen u. K, die nach der amtlichen Feststellung des Statistischen Reichsamtes als historische Städte „im Sinne der früher geltenden Gemeinderechte" auch nach Inkrafttreten der Deutschen Gemeindeordnung vom 30. Januar 1935 die Bezeichnung „Stadt" führen dürfen [Stadt Kerpen, Akt zum Wappen der Stadt]

1942 erteilt das nordrhein-westfälische Innenministerium der Stadt K das Recht zur Führung einer Flagge in den Farben schwarz-gelb [Sta Bedburg: Amt Königshoven 594]

1956 Stadtrechtsverleihung [GV NW 1956, S. 281]

III, 5 Siegel

1332 besitzen die Schöffen kein eigenes Siegel (*scabini sigillo carentes*). Für sie siegelt Gfn Elisabeth v Brabant, Witwe Gf Gerhard V. v Jülich [Kop E 14. Jh., HAStK: Best. 204 St. Aposteln RuH 2, fol. 133]

1336 erklären die Schöffen v K, *sigillum scabinatus nostrum ad huc minime habeamus*. Deshalb siegelt wiederum Gfn Elisabeth v Brabant [ebd. fol. 120]; ebenfalls 1339 [→ III,2 Zoll]

1364 Rest (Löwe) des Schöffensiegels v K [→ I,3 adjektivisch; vgl. Erw. des Schöffensiegels LAV NRW R: JB I 2, fol. 21 = 1405]

1. Schöffensiegel

Bild: Im Rundsiegel gespaltener Schild, vorne Burg, hinten Jülicher Löwe
Umschrift: * S(IEGEL) · DER · SCHEFFEN · VAN · CASTER
[GAA Siegelsammlung 0243–859/31= 1445; LAV NRW R: Jülich, Landstände Urk 1 = 1451; ebd. Urk 2 = 1452; ebd. JB I 2, fol. 19 *sigillum scabinatus* = 1405; vgl. auch GAA Siegelsammlung 0243–933/27 = 1466].

2. Schöffensiegel

Bild: wie 1. Schöffensiegel
Umschrift: * S(IEGEL) · DER · SCHEFFEN · VAN · CASTER
[Rhein. Siegel III Tafel 57 Nr. 2; LAV NRW R: JB Urk 2228 = 1553; vgl. Andermahr: K, S. 240].

3. Schöffensiegel

Bild: wie 1. Schöffensiegel
Umschrift: * S(IEGEL) DER · SCHEFFEN · VAN · CASTER
[Sta Mönchengladbach: Best. 24 Urk 21 = 1590; Rhein. Siegel III Tafel 57 Nr. 3 = 1643; wohl Wiederverwendung des Schöffensiegels 1]. 1553 wird das Siegel *gemeyne Amptzsiegel* [LAV NRW R: JB Urk 2228 u. 2229], 1597 *Scheffensecretsiegel* [ebd. Hauptgericht Jülich 1928, fol. 23], 1602 *Secretsiegel* [ebd. 2016, fol. 26] gen.

III, 5 Wappen

Gespalten v Blau u. Gold, vorne eine silberne dreitürmige Burg, hinten ein rot gezungter, steigender, schwarzer Löwe (= Hz v Jülich). 1939 erneute Wappenverleihung [K. Stadler: Deutsche Wappen, Bd. 7, Bremen 1972, S. 58].

III, 6 Gemeinde, Bürgermeister und Rat

1405 *burgimagistri, scabini et communitas opidi de* K, *burgermeister, scheffen ind gantze gemeynde der stat* K [R. Knipping: Niederhein. Archivalien i. der Nationalbibliothek u. dem Nationalarchiv zu Paris 1904, Nr. 94; LAV NRW R: JB I 2, fol. 19, 20; vgl. Korth: Mirbach Nr. 759 = 1489; Oosterman: Sporen, S. 113]

1471 *gemeynde* [LAV NRW R: JB I 1170, fol. 10]

im 16. Jh. stehen an der Spitze des Rats (*rait der statt* K) 2 Bgm [ebd. Hauptgericht Jülich 1928, fol. 2; Redlich Patronat, S. 93 = 1504]. Dem Schöffenkollegium gehören 7 Schöffen an. Sie u. der Landbote haben vom Hz 7 Mg Land zu ihrem *beßeren Underhalt*. Das Land ist kurmutpflichtig [LAV NRW R: JB III R K 60, fol. 21]

1560 *burgermeister u. rath* [Redlich II 1, S. 449]

1562 Bgm, Schöffen u. Geschworene [LAV NRW R: Hauptgericht Jülich 1928, fol. 58]

1728 nennen sich die Ratsherren *Consul* [Sta Mönchengladbach: Best. 24 Akt 186]

1756 erhält der Bgm 16 Rtl. Gehalt [LAV NRW R: Roer-Dep. 1368, fol. 43v]

1792 Stadtdiener [Sta Mönchengladbach: Best. 24 Akt 126]

III, 7 Bruderschaften

1438 Gründung der Sebastianus-Bruderschaft [HAEK: PfaK 1]

1483 Antonius- u. Sebastianusbruderschaft [LAV NRW R: JB II 230 T. 1, fol. 827; F. W. Oediger: Die niederrhein. Schulen vor dem Aufkommen der Gymnasien. In: Ders.: Vom Leben am Niederrhein, Düsseldorf 1973, S. 388; Korth: Mirbach Nr. 841 = 1499]

1559 Bruderschaft Antonius, Sebastianus u. ULF. Sie hat 17 Malter Roggen, 8 Gulden 8 Albus. V weiteren 30 Raderalbus erhalten der Pastor 4, der Brudermeister 2 u. die Armen 24 [LAV NRW R: JB II 230 T.1, fol. 818v]

III, 6 Wehrwesen (Schützen)

um 1847 Auflösung der Schützenbruderschaft [Andermahr: K, S. 172]

1870 St. Sebastianus-Georgius-Schützengesellschaft. Sie sieht sich als Fortsetzung der Sebastianus-Bruderschaft v 1438 u. nennt sich im 1. Drittel des 20. Jhs. St. Georgius-Schützengesellschaft [ebd.; W. Ewald: Die Rhein. Schützengesellschaften = Zeitschrift des Rhein. Vereins f. Denkmalpflege u. Heimatschutz 26, H. 1 (1933), S. 127, Nr. 295; Sta Bedburg: Amt Königshoven 585]. 1966 als Sebastianus-Schützenbruderschaft erw. [Handbuch des Ebtm. Köln, 26. Ausg., Bd. 2, S. 55]

III, 9 Stellung im Territorium

Sitz des Amtes K, das 1330 *dominium* [UB Köln IV 160], 1336 *iurisdictio* [Kop E 14. Jh., HAStK: Best. 204 St. Aposteln RuH 2, fol. 119v], 1358 *lant* [NrhUB III 582 = 1358; ebd. 621 = 1361], 1368 *heirschaff* [UB Köln IV 488] u. 1394 *ampte* gen. wird [NrhUB III 1000]. Schon 1318 wird ein Amtmann (*officiatus*) erw. [→ III,1 Amtsträger u. Bedienstete], sodass spätestens zu diesem Zeitpunkt ein Amt bestanden haben muss. Zu ihm gehörten A 16. Jh. die Gerichte K, Morken, Paffendorf, Oberembt, Esch, Wanlo, Keyenberg, Jüchen, Garzweiler, Kirchherten, Grottenherten, Holzweiler, Rödingen, Gevelsdorf, Lövenich. 1555 sollten die Ämter K u. Morken, Wanlo u. Keyenberg, Jüchen u. Garzweiler, Kirchherten u. Grottenherten,

Gevelsdorf u. Lövenich zusammengelegt werden [H. Eschbach: Die Erkundigung über die Gerichtsverfassung im Hzt Jülich v 1554 u. 1555. In: DJb 17 (1902), S. 116–131, hier S. 128f.; Köhler: Bergheim, S. 95; Schläger: K, S. 35–65; Andermahr: K, S. 75–82, 231; Bers: K, → Karte 2]. In der Kellnereirechnung v 1554/55 fehlt bereits Grottenherten [LAV NRW R: JB III R K 3, fol. 146v], 1555/56 fehlen außerdem Garzweiler, Keyenberg u. Morken [ebd. fol. 251]. Zur Ausdehnung des Amtes im 18. Jh. vgl. → Tafel 6.

E 14./A 15. Jh. machten Hz Wilhelm II. (1361–93) v Jülich u. Hz Wilhelm III. v Jülich-Geldern (1393–1402) K zu einer bevorzugten Residenz u. damit zur „heimlichen Hauptstadt" ihres Territoriums. K wurde ferner E 14. Jh. Sitz des Landesrentmeisters, 1415 wurde außerdem das Urkundenarchiv des Hzt Jülich v Nideggen nach K verlagert. Die Wahl der Stadt als Verwaltungssitz hängt vermutl. mit der Ausdehnung des Territorium nach N (Erwerb der späteren Ämter Brüggen u. Grevenbroich 1. H 14. Jh.) u. ihrer günstigeren Verkehrslage gegenüber dem etwas abseits gelegenen Nideggen zusammen, das seit E 13. Jh. als jülichsche Residenz gedient hatte [LAV NRW R: Jülich Urk 462 = 1394; Corsten: Residenzen, S. 98–103, 106f.; W. Herborn: Alltagsleben auf einer Burg. K im ausgehenden 14. Jh. In: Herborn: Aufsätze, S. 95–108; Bers: K, S. 21; Andermahr: K, S. 32, 96–98; Kircher-Kannemann: K, S. 291; Büren: Burgenbau, S. 48f.]. Um 1430 wählte Hz Adolf v Jülich-Berg (1423–37) Hambach als neue Hauptresidenz [Corsten: Residenzen, S. 107; über K als Witwensitz bis ins 16. Jh. vgl. → III,1 Verpfändungen, Verschreibungen, Verkauf; Andermahr: K, S. 97f.; Oosterman: Sporen, S. 109–116]. An der Spitze des Amtes stand der Amtmann, sein Stellvertreter war der Vogt, für die finanziellen Belange zeichnete der Kellner verantwortlich [vgl. Sta Mönchengladbach: Best. 24 Akt 135].

1799 K gehört zur Commune Epprath-Tollhaus [Andermahr: K, S. 148]

1800 Mairie im Kanton Bergheim, Arrondissement Köln, Roerdepartement mit Epprath, Hohenholz, K, Lipp, Millendorf, Omagen

1816 Bgm im Kr. Bergheim mit Epprath, Lipp, Millendorf, Etgendorf, Hohenholz, Oppendorf, Schunkenhof, Tollhaus, Darshoven u. Gaulshütte [Restorff I, S. 250]. Sie wird bis 1898 in Personalunion mit anderen Bgm geführt [Beissel 1899, S. 221; Andermahr: K, S. 155f., 166f., 241f.]

1935 Gem. im Amt Königshoven mit Sitz in Harff [Jb des Kr. Bergheim (1938), S. 57]

1956 Zusammenschluss v K, Epprath u. Morken-Harff zur Stadt K [GV NW 1956, S. 283; Wüst: Königshoven, S. 27; Kirchhoff: Bedburg, S. 217]

1968 Gebietsänderungsvertrag zwischen K, Königshoven u. Pütz mit Zusammenschluss zur Stadt K [Kirchhoff: Bedburg, S. 226]

1975 Nach der Zusammenlegung der Ämter Königshoven (Stadt K, Gem. Pütz u. Königshoven) u. Bedburg (Stadt Bedburg u. Gem. Lipp) Stadtteil v Bedburg/Erft-Kr., ab 2003 Rhein-Erft-Kr. Erste Überlegungen einer kommunalen Neuordnung gehen bis 1932 zurück [Wüst: Königshoven, S. 30; H. W. Heermann: Die Entstehung des Erftkr. 1966–1976, 1998, S. 130f.; Dickmann: Umsiedlungsatlas, S. 209]

Zur kommunalen Neugliederung 1975 vgl. auch → I,7

IV Kirche, Schule, Kultur und Gesundheitswesen

IV, 1 Erste Erwähnung der Kirche

um 1308 im Liber Valoris nicht erw.

1309 *capellanus* in K [UB Köln III 565], es ist nicht auszuschließen, dass der Burgkaplan gemeint ist, der jedoch E 14. Jh. Kaplan *up den hues* gen. wird, was zu diesem Zeitpunkt mindestens auf eine Differenzierung hinweist [→ IV,4 Burgkapelle]. 1365/67 besteht bereits eine Kapelle (*capelle*) in der Stadt, an der ein Rektor (*rector*) wirkt u. für die Hz Wilhelm II. v Jülich u. seine Ehefrau einen Altar stiften [→ IV,2 Altäre u. Vikarien]

vor 1473 Küster, der zugleich Schulmeister ist [→ IV,11; vgl. LAV NRW R: JB II 373, fol. 194v = 1567]

1483 ist der Pfarrer v K zugleich Pfarrer v Lipp [ebd. 230, fol. 827]

1500 *Capelle*. Der Kaplan (*Capellain*) lebt in einem v der Mutterkirche Lipp gemieteten Hs. Er erhält nur geringen *Loin*. Der *hoige Altair hadt gein Gerechtigkeit*. Die Geistlichen v K werden in der Kirche v Lipp *in irer alder Graeft* beigesetzt [Redlich: Patronat, S. 91f.; vgl. LAV NRW R: JB III R K 1, fol. 7v]

1500/01 Kirche (*Kerche*). In ihr brennt vor dem hl. Sakrament Tag u. Nacht eine Lampe. Die Kosten (*Geleucht der Lampe*) v 12 Mark trägt der Hz v Jülich-Berg [ebd.]

1505 werden die Kirche (*ecclesia parochialis*) in Lipp u. die Kapelle (*capella*) in K in Personalunion geführt [Kop 18. Jh., HAStK: Best. 234 St. Katharina U1/801A]. 1526 sind K u. Lipp *eyn unverscheiden kirpsel* [A. M. Koeniger, Sendgerichte in Deutschland, Weimar 1910, S. 59]

um 1510 hat der Pastor (*Pastoir*) zu K nicht mehr *dan eme de Stoile ind Offer aefwirft*. Der Hauptaltar (*altissimus*) bringt p.a. 40 Malter Roggen [ZBGV 28 (1892), S. 70, Anm. 29]

1526 an Fronleichnam geht die Prozession *myt der Kirchenschellen, Crutz u. Fahnen* v Lipp in die Kapelle v K. Alle *Hilgendrachten* nach Ostern gehen v der Mutterkirche Lipp aus, wo die K.er auch *yren Crysdom* holen u. deren Send sie unterliegen. Sie zahlen an den dortigen *Offerman* Abgaben (*eyn alt Morgen* Brot, Ostereier) *als gehoirsame Kynder by yre Moder* u. haben keinen *hoegen Altair* [A. M. Koeniger: Sendgerichte in Deutschland, Weimar 1910, S. 60; über den Send vgl. auch LAV NRW R: JB Urk 2228 u. 2229; Richter: Lebenswelten, S. 152]

1550 Kapelle *under der Moderkirch* Lipp. Sie hat alle Sakramente u. das Begräbnisrecht [Redlich II 1, S. 445; über Streitigkeiten mit Lipp vgl. Richter: Lebenswelten, S.149]. Nach 1560 selbstständige Pfarre [Richter: K, S. 64; Richter: Lebenswelten, S. 148, 268; über die Pfarrer 1539–1985 vgl. Andermahr: K, S. 211]

1559 hat der *Kirchendiener* 16 Paar Korn halb Weizen halb Roggen u. die Kirche 42 Malter Korn 3 Sümber, 104 Mark [LAV NRW R: JB II 230 T. 1, fol. 816, 817]. 1560 hat er 16 Paar Korn, halb Weizen u. Roggen, 17 Paar Korn, halb Roggen u. Hafer, v der Frühmesse, wovon ihm 7 Paar entzogen werden [Redlich II 1, S. 448, Anm. a]

1583 hat die Kirche 37 ½ Malter 1 Sümber ½ Roggen, 22 Gulden 7 Albus, der Offermann 12 Gulden 2 Albus 9 Heller aus 2 Bruderschaften. Daraus werden alle Baukosten u. der Kirchenschmuck bezahlt [ebd., S. 451]. A 18. Jh. befindet sich in der Kirche ein *Kirchenstuhl* für den Hz mit Platz für 8 Personen [LAV NRW R: JB III R K 20, fol. 130v = 1619/20]

1583 Mutterkirche. Die Einkünfte der Pastorei betragen je 10 Malter Weizen u. Roggen aus dem Zehnt des Stertzheimer Acker, 10 Malter Roggen vom Erasmusaltar, 6 Paar halb Roggen halb Hafer v der Frühmesse, 2 Radergulden aus 2 Parzellen u. 13 Mark aus den Kirchenrenten [Redlich II 1, S. 449; zum Streit mit dem Apostelstift in Köln wegen der Kirchbaulast des Chors vgl. LAV NRW R: Herrschaft Paffendorf Akt 5, 37 = 1721–31]

1714 trägt das Kölner Apostelstift zur Baulast bei [HAEK: Dec. Bergheim K 5]

1802/03 betragen die Einkünfte der Pfarrei 30 Malter Roggen im Wert v 314 Franken 45 Centimes [LAV NRW R: Roer-Dep. 2904 I, fol. 79; vgl. ebd. 445, fol. 77–83v]

1971–72 Neubau des Kirchenzentrums St. Martinus. Architekt B. Rotterdam-Bensberg [HAEK: Pfa K 34]. 1975 Einweihung der neuen Pfarrkirche St. Martin

Baugeschichte der Pfarrkirche **St. Georg**

Die Kirche soll im 3. Geldrischen Erbfolgekrieg zerstört u. 1551 neu erbaut worden sein [Bremer: K, S. 86; über die spätgotische Kirche vgl. A. Jürgens: Archäologische Untersuchungen in der kath. Pfarrkirche St. Georg in Bedburg-Alt-K, Erftkr. In: Amt K, S. 52–58]. Für ihren Wiederaufbau u. den der Schule brachte K 1.000 Rtl. auf [Redlich II 1, S. 448]. 1624 brannte die Kirche erneut nieder [→ II,2 Brände; HAEK: Dec. Bergheim Gen. 6; die Angabe bei Clemen, S. 476, der Turm sei erhalten geblieben, ist irrig]. 1725 Reparatur des Kirchenschiffs [HAEK: Dec. Bergheim Gen. 6; PfaK 2]. Die dreischiffige spätgotische Kirche wurde 1783 bis auf den dreigeschossigen Westturm niedergelegt u. 1783/85 (Konsekration 1787) an gleicher Stelle eine neue Kirche erbaut (zuvor Gottesdienst in einer Notkirche aus Holz am Missionskreuz): Schlichter einschiffiger Backsteinsaal v 4 Achsen mit flachrundem Chorabschluss u. Spiegeldecke im Inneren (im Lichten 27,5 m lang u. 13,25 breit). Bei der Visitation 1869 wird sie als „stillos" bezeichnet [HAEK: Dec. Bergheim K 2]. 1910 erhielt die Kirche eine Orgel der Firma Gebr. Müller aus Reifferscheid [ebd. PfaK 27]. Im 20. Jh. wurde an der Nordseite des Westturms eine Sakristei angebaut [Clemen: S. 96; Bremer: K, S. 86; Handbuch des Ebtm. Köln, 26. Ausg., Bd. 2, S. 54; Ohm: Bergheim, S. 64; Dehio NRW 1, S. 116; Andermahr: K, S. 57; → IV,1; → Tafel 1, Grundriss 1821, TK 2015; → Tafel 8; → Tafel 9].

Baugeschichte der Kirche **St. Martinus** in Neu-K

1971–73 Errichtung der Kirche St. Martinus in Neu-K nach Plänen des Architekten Bernhard Rotterdam (1893–1974) aus Berg. Gladbach-Bensberg [→ Tafel 3, → Basiskarte 2017]. Sie enthält u.a. Inventar aus der untergegangenen Martinuskirche v Morken-Harff.

Pfarrhaus

1810 Reparatur des Pfarrhauses [LAV NRW R: Roer-Dep. 1871, fol. 1, 5–6]
um 1819 Bau eines neuen Pfarrhauses an der Kirchstr. [Torsy: Weihehandlungen, S. 261]
1862 neues Pfarrhaus [Handbuch des Ebtm. Köln, 26. Ausg., Bd. 2, S. 55]

Küsterhaus

um 1830 ist das aus Fachwerk errichtete Küsterhaus baufällig, wird 1862 repariert [HAEK: Dec. Bergheim K 6, 116]
1966 Küsterhaus an der Albert-Schweitzer-Str. erw. [Handbuch des Ebtm. Köln, 26. Ausg., Bd. 2, S. 55; → Tafel 1, → Basiskarte 2017]

Vikariegebäude

um 1650 Bau der Vikarie an der Hauptstr. unter Einbeziehung der Stadtmauer [Ohm: Bergheim, S. 67; zur Lage vgl. → Tafel 1, → Grundriss]

IV, 2 Patrozinium

Spätestens im 16. Jh. Georg. Das Patrozinium hängt wahrsch. mit dem 1365/67 v Hz Wilhelm II. v Jülich u. Hzn Maria v Geldern errichteten Altar zusammen, welcher der Jungfrau Maria, dem (Ritter-)Hl. Georg sowie dem Märtyrer Erasmus geweiht war. Im 16. Jh. hatte der Altar nur noch ein Erasmuspatrozinium [→ IV,2 Altäre u. Vikarien]. Es ist nicht auszuschließen, dass Georg ein anderes Patrozinium verdrängt hat. 1647 Maria u. Georg als Patrone gen. [LAV NRW R: JB II 370].

IV, 2 Altäre und Vikarien

1365/67 errichten (*construi et erigi fecimus*) Hz Wilhelm II. v Jülich u. Hzn Maria in der Kapelle der Stadt K (*in capella opidi nostri*) einen v einem Rektor (*rector altaris*) versehenen Altar zu Ehren der Jungfrau Maria, des hl. Georg u. des Märtyrers Erasmus u. dotieren ihn mit einer Rente v 40 Malter Roggen p. a. aus dem Hof Bettgenhausen im Ksp Titz. Sie nehmen das Präsentationsrecht wahr u. bitten den Eb v Köln, den Dompropst als Archidiakon, den Pfarrer v Lipp, in dessen Sprengel die Kapelle liegt, u. den Patronatsherrn der Lipper Pfarrkirche, dieser Stiftung zuzustimmen. Sie erfolgt als Buße (*de optimo absolucionis et dispensacionis remedio nobis*) des Ehepaars nach Aufhebung der 1362 wegen Verwandtschaft 4. Grades durch Papst Urban V. erfolgten Exkommunikation u. steht auch im Zusammenhang mit der Wahl K.s als bevorzugtem Aufenthaltsort der Beiden [ebd. Jülich Urk 266; NrhUB III 633, Anm. 1; ebd. 677, Anm. 1 = 1367; REK VII 322; Redlich II 1, S. 446, Anm. 1; Sauerland V 29 mit Anm. 1; vgl. auch HAEK: Dec. Bergheim K 1; Corsten: Residenzen, S. 101; Bers: K, S. 18 f.; Andermahr: K, S. 53 f.; Richter: K, S. 54; Richter: Lebenswelten, S. 139–141]. 1367 wird die Stiftung wiederholt [LAV NRW R: Jülich Urk 272]. 1392 schenken Hz Wilhelm II. v Jülich u. Hzn Maria die 116 Mg Ackerland bei Bettgenhausen, aus der die Rente bezahlt wird, dem Altar, da das Land wüst liegt [ebd. Urk 448]. Um 1550 bedient ein Vikar den Altar. Nach Vakanz vergibt ihn der Hz 1563 an Wilhelm v Megen, Sohn des Küchenschreibers. Während der Vakanz war ein Teil der Renten dem Pastor u. Schulmeister zugekommen, die als Schulstipendien verwandt wurden. Nach dem Tod Megens vergibt der Hz 1567 den Altar an Johann v Goch zur Erziehung v dessen Söhnen. 1589 werden die Einkünfte dem Subdiakonat Jülich zugewiesen [Redlich II 1, S. 446, Anm.1]. 1563 u. 1567 wird nur noch Erasmus als Altarpatron erw. Das Georgspatrozinium ist auf den Hauptaltar übergegangen. Das Kollationsrecht steht dem Hz v Jülich-Berg zu [LAV NRW R: JB II 373, fol. 176r/v, 194v]. Das wird 1656 u. 1732 vom jeweiligen Pfarrer zu K bestritten [HAEK: Dec. Bergheim K 1, 5]. 1583 bringt die Erasmusvikarie 40 Malter Titzer Pachtmaß aus dem Hof zu Betgenhausen, davon erhält der Pastor 10 u. der Offermann 8 Malter Roggen [Redlich II 1, S. 450]. 1753 werden die Einkünfte des Altars dem Kl der Jesuiten in Jülich überschrieben [HAEK: Dec. Bergheim K 8]
1483 stiften Adolf u. Jutta v Harff den Antonius- u. Sebastianusaltar [LAV NRW R: JB II 230 T. 1, fol. 827; Redlich II 1, S. 447, Anm. 3]. 1559 hat er Einkünfte v 22 Paar Korn halb Roggen u. halb Hafer [LAV NRW R: JB II 230 T. 1, fol. 816] u. 1560 Einkünfte v 17 Paar Korn, 7 Malter Roggen, 12 Gulden, 13 Mark u. 9 Heller; 1583 17 Paar Korn, 7 Malter 1 Sümber Roggen, 5 Gulden aus der Kirchenrente [Redlich II 1, S. 448, 450; Andermahr: K, S. 59]. Vikarie auch 1647 erw. [LAV NRW R: JB II 370]
1483 Nikolausaltar erw., wird 1492 v Konrad v Laach u. seiner Ehefrau dotiert [ebd. JB II 230 T. 1, fol. 827, 832r/v]
1493 stiften Hilger v Hoesen u. seine Ehefrau am Annenaltar ein Jahrgedächtnis [ebd. fol. 835, 840r/v; vgl. Redlich II 1, S. 450 = 1583]. Um 1510 bringt der Altar 25 Malter Roggen [ZBGV 28 (1892), S. 70, Anm. 29] u. 1550 20 Malter Roggen aus dem Zehnt in Etgendorf [Redlich II 1, S. 446 f.; vgl. LAV NRW R: JB II 230 T. 1, fol. 816; Sta Mönchengladbach: Best. 24 Akt 186 = 1652; vgl. auch Richter: Lebenswelten, S. 146 f.], 1583 außerdem 3 Malter Roggen v den Bürgern in K u. 1 Malter Roggen aus Morken [Redlich II 1, S. 450; zum Altar vgl. LAV NRW R: Herrschaft Paffendorf Akt 8, 11 a = 1727–30]. 1725–31 klagt Kaspar Baum, Vikar des St. Annenaltars, gegen Bgm u. Rat zu K wegen einer rückständigen Rente v 5 Malter Roggen [Sta Mönchengladbach: Best. 24 Akt 186]
1549 Frühmessvikarie [Redlich II 1, S. 446, Anm. 2]. 1560 hat die Frühmesse aus dem Zehnten zu Garzweiler 17 Paar Korn, aus der Bruderschaft 12 Gulden 3 Mark 9 Heller, aus der Kirchenrente 10 Mark, aus einer anderen Rente 7 Malter Roggen [ebd., S. 448, Anm. b]
1550 Sakramentsaltar. Er ist mit 5 Gulden dotiert, doch sind die Einkünfte ausgeblieben, weil die zum Unterpfand gesetzten Hss im 3. Geldrischen Erbfolgekrieg zerstört wurden [ebd., S. 447]
1583 gibt es 4 Vikarien: Erasmus, Anna, Martin, Frühmesse. Der Vikar des Annenaltars versorgt auch den Frühmessaltar [ebd., S. 449]

IV, 2 Kirmes bzw. Kirchweihtermine

um 1966 1. Sonntag nach Ostern [Handbuch des Ebtm. Köln, 26. Ausg., Bd. 2, S. 55]

IV, 3 Patronats- und Zehntherr

Das Kollationsrecht war im 16. Jh. zwischen dem Deutschen Orden (Ballei Koblenz) u. dem Hz v Jülich-Berg strittig, der sich durchsetzte [Redlich II 1, S. 446 mit Anm. 1, S. 450; Redlich: Patronat, S. 85–91; Andermahr: K, S. 55 f.; vgl. auch LAV NRW R: JB II 370 = 1647].
1378 erhält Hz Wilhelm v Jülich als Pfand für 50 Gulden einen Zehnt v einem Hof zu K im Besitz v Margaretha v Immenrath u. deren Sohn, Pfarrer zu Lipp [Korth: Mirbach Nr. 111]
1566/67 bringt der verpachtete Zehnt dem Hz v Jülich-Berg 19 Malter 2 Sümber Roggen [LAV NRW R: JB III R K 6, fol. 58]
1535 hat das Kölner Stift St. Aposteln einen Zehnt in der Feldflur v K [Korth: Mirbach Nr. 1076]
1583 hat der Hz v Jülich-Berg den Zehnt in K, ferner das Kölner Stift St. Aposteln einen Zehnt v 30 Malter Roggen, 20 Malter Gerste, 10 Malter Hafer, der in Omagen liegt [Redlich II 1, S. 451]
1623/24 bringt der Zehnt in K dem Hz 5 Malter Weizen, 6 Malter Roggen, 18 Malter Gerste u. 10 Malter Hafer [LAV NRW R: JB III R K 21, fol. 51v, 61, 76v, 86]
1752 ist der *Herrenzehnd* zu K auf 6 Jahre verpachtet [ebd. 134, fol. 61]
1779 wird der Zehnt des K.er *Herrnland* auf 6 Jahre verpachtet [ebd. 154, fol. 11v]
1790/91 ist der Zehnt auf 6 Jahre verpachtet u. bringt 5 Malter Weizen, 15 Malter Roggen u. je 20 Malter Gerste u. Hafer [ebd. 164, fol. 11]

IV, 4 Pfarrbezirk

1844 K, Darschhoven (Hs), Epprath (Dorf), Hohenholz (2 Höfe), Omagen (Weiler), Tollhaus (Weiler u. Ziegelei) [Uebersicht der Bestandteile u. Verzeichniß sämmtl. Ortschaften ... des Regierungs-Bezirks Cöln [1844], S. 3]
1861 K, Epprath, Omagen [Stat. Darstellung (1863), S. 84]
1966 K, Hohenholz, Omagen nach Umsiedlung u. Aufgabe v Epprath durch den Braunkohlentagebau [Handbuch des Ebtm. Köln, 26. Ausg., Bd. 2, S. 54]
2008 Zusammenlegung der Seelsorgebereiche Bedburg u. Bedburg-Land, zu dem auch die Pfarre St. Georg in K mit der Filiale St. Martinus zählen, zum Seelsorgebereich Stadt Bedburg [Rhein. Städteatlas XIX Nr. 96: Bedburg, 2013, IV,4 Pfarrbezirk]

IV, 4 Burgkapelle, Burgkaplan

1398/99 *capplaen zu* K *up den hues* erhält für Winterkleidung 12 Geldrische Gulden [Herborn/Mattheier: Rechnung, S. 90]

nach 1423 neue Burgkapelle (*nüwe capelle*), die alte bleibt erhalten [LAV NRW R: JB I 1170, fol. 2; Bers: K, S. 73 f.; zu ihrer Lage vgl. → unten zu 1583]

1474 wohnt der Kaplan Johann in einem Zimmer (*kamer*) auf der Burg, das wohl über eine Außentreppe (*trappe*), unter der sich ein Gewölbe (*gewulffte*) befindet, zu erreichen ist [LAV NRW R: JB Urk 1245; ebd. 1279 = 1475]

1492 wird die Kapelle v einem Vikar versorgt: Zur Kapelle gehört ein Klause (*kluse*) im Tiergarten v K [ebd. JB I 863, fol. 2–3, 5–6, 8r/v]

1500/01 erhält der Burgkaplan für Kost u. Kleidung 100 Mark 20 Schilling. Vor dem Allerheiligsten (*Hiltom*) in der Burgkapelle brennt ein ewiges Licht [ebd. JB III R K 1, fol. 7r/v]

1516/17 erhält der Rektor der Gelehrten Schule in Düsseldorf Franciscus Fabritius die Einkünfte des Burgkaplans i. H. v 93 Mark 4 Schilling. 1566/67 betragen sie 23 Gulden 8 Albus p. a. [ebd. 2, fol. 19; ebd. 6, fol. 36; Redlich II 1, S. 449, Anm. 1 = 1546; vgl. auch DJb 23 (1910), S. 220, 326, 328]

1583 enthält die Kapelle viel *kostlichs Hildoms*, bleibt aber *wegen* des Alters des Kaplans *sonder Miisse*. Sie bringt 20 Malter Roggen, 8 Malter Gerste aus einem Höfchen zu Keyenberg. Die Einkünfte sind neben 23 Gulden aus der Kellnerei für Schulzwecke bestimmt [Redlich II 1, S. 449, Anm. 1, S. 451]; über den Unterhalt des Burgvikars vgl. HAEK: Dec. Bergheim PfaK 2 = 1588]. Die Kapelle hatte wohl ein Barbarapatrozinium [Bers: K, S. 19 nach Korth: Mirbach Nr. 1101 = 1539], befand sich im großen Turm u. ist spätestens mit dem Stadtbrand v 1648 untergegangen [Andermahr: K, S. 53; → II,2 Brände]

IV, 4 Rochuskapelle

1673 wird die Rochuskapelle an der westl. des St. Agatha-Tors verlaufenden Str. nach Harff errichtet. Sie soll in Zusammenhang mit einer Pestepidemie stehen. 1881 Abriss u. Neubau. 1950 nach Kriegsschäden erneuert [Bremer: K, S. 43; Handbuch des Ebtm. Köln, 26. Ausg., Bd. 2, S. 54; Ohm: Bergheim, S. 68; Andermahr: K, S. 133]

IV, 4 Marienkapelle

1966 wird die Marienkapelle (nach Vorbild der Kapelle in Banneux/Belgien) aus Epprath nach K verlegt. Die wegen des Tagebaus abgerissene Kapelle war 1815 errichtet, 1858 abgerissen u. 1893 neu aufgebaut worden [Sta Bedburg: Amt Königshoven 566; Handbuch des Ebtm. Köln, 26. Ausg., Bd. 2, S. 55; Kölner Stadtanzeiger v 18.12.2008]

IV, 4 Bistums- und Dekanatszugehörigkeit

Bis 1802 Ebtm Köln, 1802–21 Btm Aachen, 1821/27 Ebtm Köln, Dekanat Bergheim.

1925 Dekanat Bedburg [Rhein. Städteatlas XIX Nr. 96: Bedburg, 2013, IV,4 Bistums- u. Dekanatszugehörigkeit]

IV, 5 Klöster und Stifte

Die vor der Stadt in der Nähe des Tiergartens gelegene Klause, die zur Burgkapelle gehörte [→ IV,4 Burgkapelle], wird E 15. Jh. erstm. erw. Ab A 18. Jh. lebte in ihr in einem *Haußgen auf* Lebenszeit der Eremit (*Waldtbruder*) Johann Schieffer (1669–1774) [LAV NRW R: JB III R K 128, fol. 37 = 1748/49; Bers: K, S. 39; Andermahr: K, S. 142].

1591 Hs des Kl Frauweiler in K am Stadtgraben [Korth: Mirbach Nr. 1499]

IV, 6 Hospitäler und Krankenhäuser, Ärzte und Apotheker, Armenwesen

Ein Hospital oder Krankenhaus ist in K nicht vorhanden gewesen.

1514 Apotheker [Dösseler: Messen, S. 78; Korth: Mirbach Nr. 1177 = 1547]. Er bezieht aus Antwerpen Oliven, Rosinen, Feigen, Zitronen u. Gewürze u. beliefert die Burg [Dösseler: Messen, S. 78, Anm. 177a]

1560/61 Arzt Dr. Wissel [LAV NRW R: JB III R K 5, fol. 37v, 38]

1583 Apotheke [ebd. Jülich Mannkammerlehen 494, fol. 20], auch 1597 [ebd. Hauptgericht Jülich 2002, fol. 18], 1600/01 [ebd. JB III R K 15, fol. 162v] u. 1623/24 bezeugt [ebd. 21, fol. 93]. 1687 liefert die Apotheke p. a. 2 Kapaune u. 16 Schilling als *Pfortenkorn* des St. Agatha-Torlehens [Sta Mönchengladbach: Best. 24 Akt 126]

1666 Barbier [LAV NRW R: JB II 2382, fol. 172]

1695 stirbt der Schöffe Wilhelm Willbrodt Lemm, *medicinae doctor* [ebd. JB III R K 78, fol. 37]

1803 *officier de santé* [ebd. Roer-Dep. 1720]

1806 *maître en chirurgie* [ebd. 2117]

1861 kein Arzt in der Bgm K, Hebamme in Königshoven für den Hebammendistrikt der Bgm Königshoven u. K (ohne Millendorf u. Lipp) [Stat. Darstellung (1863), S. 79 f.], 1899 2 Hebammen im Distrikt K, zuständig für K u. Epprath bzw. Lipp [Beissel 1899, S. 92]

1969 beschließt der Rat der Stadt K finanzielle Unterstützung bei der Ansiedlung eines praktischen Arztes, Ansiedlung 1972 [Sta Bedburg: Amt Königshoven 649]

1972 Ansiedlung eines Zahnarztes [ebd.]

IV, 6 Seuchen, epidemische Krankheiten

1554 Wegen der *Plaich der Pestilents* sind K.er gestorben oder geflohen [LAV NRW R: JB III 1156, fol. 17; → V,4 Mühlen]

IV, 6 Armenwesen

1500/01 erhalten 20 Personen ein Almosen vor der Burg i. H. v 306 Mark. Aus den Einkünften der Erftpforte werden 24 Malter Roggen zum Brotbacken für die Armen verwandt [LAV NRW R: JB III R K 1, fol. 8v, 28]

1546/47 erhalten 20 Hausarme 1800 Pfund Spelz, 2 Tonnen Heringe, 4 ½ *Waege groener Kese*, 4 Malter Weizen, 28 Malter Roggen u. 52 Malter Malz [ebd. 2, fol. 15v; über die Armenversorgung im 16. Jh. vgl. auch Richter: Lebenswelten, S. 134]. 1798 wird aus 5 Malter Korn dieser Armenspende Brot gebacken u. unter die Armen verteilt [LAV NRW R: Lande zw. Maas u. Rhein 1892, fol. 46]

1559 erhalten die Armen 24 Raderalbus v der Antonius- u. Sebastianusbruderschaft [→ III,7]

1759 erhalten die Hausarmen an den Marienhochfesten 5 Malter Roggen K.er Maß [HAEK: PfaK 1]

1861 leben 43 Ew (davon 15 weibliche) teilweise u. 21 (davon 14 weibliche) gänzlich v der öffentlichen Armenpflege. Das Armenvermögen beläuft sich auf 299 Tlr. u. 8 Mg 80 Ruten Land, die Einnahmen auf 158 Tlr. 18 Silbergroschen 7 Pfennige u. 200 Tlr. durch freiwillige Beiträge [Stat. Darstellung (1863), S. 10, 72; → V,4 Tabelle Erwerbsverhältnisse Bgm K 1861]

1888/89 zahlt die Bgm K an Armenunterstützung (einschließlich des ¼ bzw. ⅓ der zu den Irren-Verpflegungskosten gezahlten Beiträge) 1.037 Mark [Beissel 1899, S. 90], 1899 1.043 Mark, 1900 787 Mark [VB BM 1900, S. 12], 1904 246 Mark, 1905 405 Mark, 1906 250 Mark, 1907 170 Mark [Beissel 1910, S. 124; nach VB BM 1908, S. 23 = geringste Armenkosten im Kr. Bergheim], 1913 25 Mark, 1914 80 Mark [VB BM 1914, S. 68]

1931 gibt es bei 538 Ew in K 15 Sozialrentner, 4 Kleinrentner, 43 Wohlfahrtsarbeitslose u. 5 sonstige Hilfsbedürftige = 23,1 % [Sta Bedburg: Amt Königshoven 151]

IV, 7 Wallfahrten

1816–1991 Wallfahrt nach Kevelaer [P. Dohms/R. Schulte Staade (Hg.): Die Wallfahrt nach Kevelaer zum Gnadenbild der „Trösterin der Betrübten“, Kevelaer 1992, S. 26; Geschichtl. Atlas der Rheinlande, Beih. XI/11, 2002, S. 56]

1966 Wallfahrt nach Banneux u. Kevelaer [Handbuch des Ebtm. Köln, 26. Ausg., Bd. 2, S. 55]

IV, 8 Juden, Synagoge, Friedhof, Privilegierung

1308 werden der Jude Joël ben Uri ha-Lewi u. seine Ehefrau Bele aus K (*de Kastere*) als Grundbesitzer in Köln erw. [A. Kober: Grundbuch des Kölner Judenviertels, Bonn 1920, ND Düsseldorf 2000, S. 146]

1638 erhalten die Juden *Lazar* u. Vater u. Sohn *Xander* (*Zander*) ein Patent für 12 Jahre u. zahlen 16 Goldgulden Tribut. 1642 werden sie wegen der Besetzung K.s durch französisch-weimarische Soldaten vertrieben. 1640 erhält ein Jude namens *Xander* ein Patent, lässt sich aber 1641 der *Kriegsverderbnis halben* in

Stolberg nieder [LAV NRW R: JB III R K 36, fol. 20v; ebd. 37, fol. 20v; ebd. 43, fol. 20v; vgl. ebd. 50, fol. 20v = 1661/62]
1666 ist unter den Hausgenossen aus K, die an der Huldigung teilnehmen, der Jude *Layser* [ebd. JB II 2382, fol. 172v]
1666/67 sind die beiden in K wohnenden Juden *Lazarus* u. *Xeander wegen des Weimarischen Kriegs* nicht in K anwesend [ebd. JB III R K 55, fol. 20v]
1671/72 haben *Lazarus Judt* u. *Joseph Judt v Dülken* ein Patent zum Aufenthalt in K [ebd. 60, fol. 20v]
1677 erhalten *Meyer Judt u. Joseph Judt* ein Patent auf 12 Jahre [ebd. 65, fol. 32v, 33v]
1710 u. 1754/55 sowie 1759/60 3 jüdische Familien [ebd. 90, fol. 30; ebd. 150, fol. 107; ebd. 134, fol. 28]
1720/21 4 jüdische Familien. Sie haben ein Patent auf 16 Jahre seit 1717 [ebd. 100, fol. 30]
1755 wird Jacob Marx mit 5 Kapaunen Pfennigsgeld für seinen Hs- u. Grundbesitz veranschlagt [ebd. 135, fol. 223]
1766 hat der Jude Emanuel v Gelderen die Bier- u. Branntweinakzise im Amt K auf 3 Jahre gepachtet [ebd. 149, fol. 104]
1770/71 u. 1780/81 sowie 1790/91 3 jüdische Familien [ebd. fol. 108; ebd.154, fol. 100v; ebd. 164, fol. 92]
1806 9 Juden in der Mairie K [ebd. Roer-Dep. 1788]
1808 2 jüdische Familien mit 10 Personen in der Mairie K [K. H. S. Schulte: Dokumente z. Geschichte der Juden am Niederrhein, Düsseldorf 1972, S. 115; Andermahr: K, S. 174]
1812 2 Juden in K: 1 Metzger, 1 Hausierer [LAV NRW R: Roer-Dep. 1797, fol. 13, 19]
1817 2 jüdische Familien in K [Andermahr: K, S. 174]
1824 5 Juden in K, darunter 1 Händler [LHAK: 403/935]
1841 1 jüdischer Hilfslehrer [Andermahr: K, S. 174; → IV,11]
1848 Bildung der Synagogengemeinde des Kr. Bergheim. Die Bgm K gehört zur Bedburger Filialgemeinde [Rhein. Städteatlas XIX Nr. 96: Bedburg, 2013, IV,8]
1855 stammen 6 Mitglieder der Synagogengemeinde Bedburg aus K [Andermahr: K, S. 174]
1890 verlässt die letzte jüdische Familie K u. zieht nach Bedburg [ebd.]
Um 1920 1 jüdisches Ehepaar, 1 Frau jüdischer Konfession lebt bis 1938 in K, wird 1942 deportiert u. in Theresienstadt ermordet [ebd.]

Zum jüdischen Friedhof vgl. → II,2

Zu den jüdischen Einwohnerzahlen vgl. → IV,10

IV, 9 Einführung der Reformation, Geschichte der ev. Gemeinde

1609 u. 1612 sowie in der Folgezeit nur Kath. in K [LAV NRW R: JB II 370 = 1647]
1611 gehört die Gem. K zur 1. Klasse der reformierten jülichschen Gem. [Rosenkranz: Sitzungsberichte, S. 7]
1612 Streit zwischen den Gem. Bergheim u. K wegen des Unterhalts des Pfarrers v Bergheim u. der Berufung eines Kirchen- u. Schuldieners [ebd., S. 11]
1624 können nach dem Stadtbrand außer dem kath. Gottesdienst keine *frembden Exercitia Platz finden* [LAV NRW R: JB II 369, fol.122v]
1655 ist das *Exercitum religionis u. Beiwohnung des Predigers* zu K verboten [Rosenkranz: Sitzungsberichte, S. 188 f.]
1656 2 *haeretische* Familien (4 Erwachsene, 5 Kinder) in der Stadt [HAEK: Dec. Bergheim Gen. 6]
1842 Die wenigen Ev. in der Bgm K gehören zur ev. Kirchengemeinde Kirchherten [Beissel 1899, S. 113]
1965 werden die Ev. v K u. Lipp zur ev. Kirchengemeinde Bedburg-Niederaußem (Bedburg-Niederaußem-Glessen) umgemeindet [Kirchliches Amtsbl. (1965), S. 129 f.]
1984 Einweihung des Martin-Luther-Gem.-Zentrums in K St. Rochusstr., Architekt J. Hadenfeldt [Kirchhoff: Bedburg, S. 220; Rhein. Städteatlas XIX Nr. 96: Bedburg, 2013, IV,9]. E 2018 Schließung des Gemeindezentrums u. Verlagerung des Gottesdienstes in die Friedenskirche an der Langemarckstr. in Bedburg [Kölner Stadt-Anzeiger v 5.12. 2018]

IV, 10 Konfessionszahlen

1560 250 Kommunikanten [Redlich II 1, S. 448; Binterim-Mooren II, S. 59 nennt für etwa die gleiche Zeit 200 Kommunikanten]
1656 2 *haeretische* Familien mit insgesamt 9 Personen in K [→ IV,9]
1750 230 Kommunikanten [Fabricius V 1, S. 38]
1773 404 kath. Ew in Pfarre u. Stadt K [LAV NRW R: JB II 6115, fol. 50]

Konfessionszahlen 1828–1970

Jahr	1828	1831		1844		1861
	Bgm	Flecken	Bgm	Flecken	Bgm	Bgm
Kath.	1.096	420	1.070	471	1.274	1.245
Ev.	9	2	23	4	22	25
Juden	69	11	11	2	2	6

Jahr	1871		1885	1895	1895	1905
	Lgm	Bgm	Lgm	Lgm	Lgm	Lgm
Kath.	527	1.200	517	469	469	525
Ev.	·	25	·	1	1	1
Juden	2	2	5	·	·	·

Jahr	1925	1950	1961	1970
	Stadt	Stadt	Stadt	Stadt
Kath.	559	641	2.865	3.507
Ev.	6	111	457	738
Juden	·	·	19	·
Sonstige	·	2	·	·

(Restorff I, S. 250 = 1828; Uebersicht d. Gebiets-Eintheilung d. Regierungs-Bezirks Cöln 1831; Uebersicht d. Bestandteile u. Verzeichniß sämmtl. Ortschaften ... des Regierungs-Bezirks Cöln [1844]; Stat. Darstellung 1863 = 1861)

IV, 11 Schulen und Bildungseinrichtungen

Studenten aus K an auswärtigen Schulen u. Hochschulen bis 1800

1397–1792 mindestens 89 Studenten aus K an der Universität Köln immatrikuliert [Matrikel Univ. Köln, Register]
1460 1 Student aus K an der Universität Greifswald immatrikuliert [E. Friedländer (Hg.): Aeltere Universitäts-Matrikeln II. Universität Greifswald, Bd. 1, Leipzig 1893, S. 17, 15]
1563 wird aus der Dotation des Erasmusaltars den *Nachbarskindern* ein Zuschuss zum Studium *(zu Subsidio ires Studiums)* gewährt [→ IV Altäre u. Vikarien; LAV NRW R: JB II 373, fol. 176]
1574 sowie 1584 u. 1614 je 1 Student aus K an der Universität Heidelberg [G. Toepke (Hg.): Die Matrikel der Universität Heidelberg, T. 2, Heidelberg 1886, S. 71, 114, 269]

IV, 11 Schulen, Schulmeister, Bildungseinrichtungen

vor 1473 Schulmeister ist zugleich Küster [LAV NRW R: JB I 922; F. W. Oediger: Die niederrhein. Schulen vor dem Aufkommen der Gymnasien. In: Ders.: Vom Leben am Niederrhein, Düsseldorf 1973, S. 388; Andermahr: K, S. 106]
1483 *schoelmeister* [LAV NRW R: JB II 230 T. 1, fol. 827r/v]
1489 wird ein Hs an den Schulmeister verpachtet [ebd. JB III R: K 4, fol. 14]
1500/01 Schulmeister [ebd. 1, fol. 7v]
1553 Wiederaufbau der Schule [Redlich II 1, S. 446, Anm. 1, 448; über die Schule vgl. auch Richter: Lebenswelten, S. 303. 306]
1656 Küster ist zugleich Lehrer, weil dieser verstorben ist, versieht dessen 18-jähriger Sohn auf Fürsprache der Gem. den Schuldienst [HAEK: Dec. Bergheim Gen. 6]
1567 erhält der Schulmeister, der zugleich Kirchendiener ist, aus der Dotation des Erasmusaltars *etliche Korn Rent* [LAV NRW R: JB II 373, fol. 176, 194v; → IV,2 Altäre u. Vikarien]
1583 sind Einkünfte aus der Burgkapelle neben 23 Gulden aus der Kellnerei für Schulzwecke bestimmt [Redlich II 1, S. 451; → IV,2 Burgkapelle]
1697 Lateinschule in K mit 3 Klassen u. einer Vorschule [Schläger: K, S. 66–68]
1769 wird geplant, das Rathaus als Schule zu nutzen [→ II,5 Gebäude]
1806 zahlt K 30 Franken für die Unterbringung des Lehrers [LAV NRW R: Roer-Dep. 2319, fol. 149]
1826 Bau einer Schule mit 2 Schulräumen an der Kirchstr. neben der Küsterei, in welcher der Unterricht zuvor stattgefunden hatte [Andermahr: K, S. 159]
1841 wird die Lehrer- u. Küsterstelle getrennt. Der Stelleninhaber bezieht 107 Tlr. aus der Kirchenkasse u. 50 aus der Kommunalkasse [LAV NRW R: Reg. Köln 2757, fol. 42–54]
1841 1 jüdischer Hilfslehrer in K [→ IV,8]
1861 2 Elementarschulen mit 2 Lehrern u. 1 Hilfslehrer für 112 Jungen u. 113 Mädchen in der Bgm K [Stat. Darstellung (1863), S. 92]
1873/74 Bau einer Volksschule an der Hauptstr. 45, Erweiterung 1914 [Sta Bedburg: Amt Königshoven 601]
1875 2 einklassige Schulen, je 1 für Jungen u. Mädchen im Schulgebäude an der Hauptstr. [LAV NRW R: Reg. Köln 2739, fol. 9v]

1884 1 kath. Elementarschule mit 2 Klassen im Schulgebäude an der Hauptstr. [Rhein. Provinzial-Handbuch I (1884), S. 94]
1897/98 2 Elementarschulen mit je 2 Klassen in der Bgm K: 1 Schule mit 2 Lehrern in K, 1 in Lipp mit 1 Lehrer u. 1 Lehrerin [Beissel 1899, S. 98], 1908 2 Schulen, 4 Klassen, 2 Lehrer, 2 Lehrerinnen [Beissel 1910, S. 138; Noll: Bergheim, S. 175]
1912 je 1 einklassige Jungen- u. Mädchenschule [Noll: Bergheim, S. 175]
1931 unterrichten 4 Lehrpersonen 234 Schulkinder [Sta Bedburg: Amt Königshoven 601]
1952 1 Volksschule mit 3 Klassen u. 137 Schülern [BM Zahlen 1952, S. 34]
1959 wird ein 4. Klassenraum in der Schule an der Hauptstr. eingerichtet. Heute ist die Schule Wohngebäude
1963 Einweihung der St. Georgs-Volksschule an der Burgundischen Str. Planungsbeginn 1959. Baubeginn 1961. Architekt Gottfried Kütter aus Bedburg [Sta Bedburg: Amt Königshoven 566, 663, 665, 669]
1964 Einweihung des kath. Kindergartens, 2. Kindergarten 1968 [ebd. 566]
1966 Eröffnung des Volksbildungswerks [ebd. 588]
1968 Einweihung der zweizügigen Hauptschule K als Gemeinschaftsschule an der Harffer Schlossallee. Planungsbeginn 1966, Architekt Ludwig Heinrichs aus Rheydt [ebd. 562, 563, 567, 666–670]
1992 2 Büchereien [Dickmann: Umsiedlungsatlas, S. 209]
heute kath. St. Martinus-Grundschule, seit 1978 im Schulgebäude an der Harffer Schlossallee. 1984 heutige Namensgebung [Rhein. Städteatlas XIX Nr. 96: Bedburg, 2013, IV,11 Schulen]

V Wirtschafts- und Sozialstruktur, Statistik

V, 1 Einwohner- und Häuserzahlen

Zu den Kommunikantenzahlen 1560–1773 vgl. → IV,10

Die Anzahl der Hss aus der Abgabe der fälligen Kapaune [→ III,2 Pfennigsgeld] zu berechnen [so Bers: K, S. 16], scheint problematisch, da jeder Hinweis fehlt, wie viele Gärten u. Wiesen jedem Hs zugerechnet werden. Außerdem schwanken die Zahlen bereits innerhalb eines kurzen Zeitraums.

1666 nehmen aus Stadt u. Amt K 1587 Hausgenossen, davon 46 aus der Stadt K, an der Erbhuldigung teil [LAV NRW R: JB II 2382, fol. 172r/v, 211v]
1767 409 Ew [Fabricius II, S. 272; Andermahr: K, S. 168]
1798 332 Ew in der Commune K (ohne Omagen u. Hohenholz) [Daniels VI, S. 479]

Einwohner- und Häuserzahlen 1799–2017

Jahr	1799	1801		1803		1809	1817
	Commune	Commune	Mairie	Commune	Mairie[1]	Mairie	Flecken
Ew	362	410	896	492	1.135	1.066	462
Hs	82	·	·	·	·	189	·

Jahr	1817	1828		1831		1844	
	Bgm	Flecken	Bgm	Flecken	Bgm	Flecken	Bgm
Ew	1.129	464	1.130	433	1.104	477	1.298
Hs	·	82	444	88	207	92	230

Jahr	1852	1855	1861		1871		1885
	Flecken	Bgm	Flecken[1]	Bgm	Lgm	Bgm	Lgm
Ew	528	1.270	461	1.276	529	1.227	522
Hs	·	·	191	238	100	242	98

Jahr	1895	1905	1925	1939	1946	1950	1961
	Lgm	Lgm	Stadt	Stadt	Stadt	Stadt	Stadt
Ew	470	526	567	562	700	753	3.341
Hs	91	98	99	·	·	120	696

Jahr	1970	1980	1990	1999	2012	31.12.18
	Stadt	Stadtteil	Stadtteil	Stadtteil	Stadtteil	Stadtteil
Ew	4.303	5.087	5.680	5.677	5.851	6.163
Hs	·	·	·	·	·	·

(Bers: Kaster, S. 59 = 1799, nach LAV NRW R: Roer-Dep. 1720 I; ebd., S. 61 = 1801; LAV NRW R: Roer-Dep. 1720 I = 1803; Andermahr: Statistik, S. 38 f., 41 = 1809; LHAK 403/4104 = 1822; Restorff I, S. 250 = 1828; Uebersicht d. Gebiets-Eintheilung d. Regierungs-Bezirks Cöln 1831; = 1843; Stat. Darstellung 1863, S. 11, 25, 29 = 1855 u. 1861; Andermahr: Kaster, S. 168 = 1852)

[1] 101 Haushaltungen, 8 öffentliche Gebäude [2] Mit K [3] Nach Umsiedlung von Epprath und Morken-Harff

V, 2 Agrarwirtschaft

Die guten Lössböden u. die Klimafaktoren der Niederrhein. Bucht begünstigten die Landwirtschaft im Umkreis des Ortes [Wüst: Königshoven, S. 57]. Im 15. Jh. Anbau v Weizen, Roggen, Gerste u. Hafer [LAV NRW R: JB I 1306] u. Waid [Dösseler: Messen, S. 77; vgl. auch für das 16. Jh. → V,4 Mühlen] u. im 16. Jh. außerdem Hopfen u. Gemüse, zudem gab es Weidewirtschaft [LAV NRW R: JB III R K 2, fol. 228v = 1549/50, fol. 239v = 1550/51; ebd. 3, fol. 9r/v = 1552/53; → III,1 Weistümer]. 1577/78 Erw. eines Weingartens im *Krautgertgen uff dem Schloss* u. Anpflanzung v Äpfel- u. Birnbäumen [LAV NRW R: JB III R K 9, fol. 38v]. Noch E 18. Jh. ist Hopfenanbau bezeugt [ebd. Roer-Dep. 3266, fol. 12v].
1801 gibt es in K 1.040 Mg Ackerland u. Wiesen [ebd. Roer-Dep. 1368, fol. 228]
1807/09 umfasst der mediatisierte kurfürstliche Landbesitz 101,47 ha Ackerland, 9.44 ha Wiesen (darunter die Schlossbenden) u. 6 ha Schlagholz [Schieder: V/1, S. 153]
1861 betreiben in der Bgm K Landwirtschaft im Haupterwerb: 503 Ew, davon 37 als Eigentümer, 13 als Pächter, 162 als Familienangehörige, im Nebenerwerb: 84 Ew, davon 10 als Eigentümer, 5 als Pächter, 55 als Familienangehörige; außerdem arbeiten in der Landwirtschaft: 1 Verwalter, 1 Wirtschafterin, 98 Knechte, 57 Mägde, 63 Tagelöhner (davon 14 weiblich) [Stat. Darstellung (1863), S. 9]
1896 Gründung der Molkerei Genossenschaft zu K [Beissel 1899, S. 156]
1909 sind v 1.617 ha in der Bgm K insgesamt 1.504 ha Ackerland = 93 %, 87 ha Wiesen = 5,4 % u. 25 ha Holzungen = 1,5 % [Beissel 1910, S. 5]
1951 sind v 270 Erwerbspersonen im Ort K 56 (= 20,7 %) in der Landwirtschaft tätig [Sta Bedburg: Amt Königshoven 44]
1952 gibt es in K 12 landwirtschaftliche Betriebe mit mehr als 0,5 ha, die v der Gesamtfläche mit 700,58 ha 624,79 ha (= 89,1 %) bewirtschaften. Der Anteil des Ackerlandes beträgt insgesamt 450,22 ha (= 60 %). V den 12 Betrieben über 0,5 ha haben 3 über 90 ha, 4 unter 10 ha, davon 3 unter 1 ha [ebd. 228]
1953 gibt es in K 10 landwirtschaftliche Betriebe [ebd. 226], 1957 8, wovon 5 Gemüseanbau betreiben (fast ausschließlich Möhren) auf 2,82 ha Fläche [ebd. 321]
1960 4 landwirtschaftliche Betriebe [ebd. 246]

Bodennutzung in der Lgm K 1885 und 1900 (in ha)

Jahr/ in %	ha insgesamt	Acker- u. Gartenland	Wiesen	Weiden, Hutungen	Forsten, Holzungen	sonstige Nutzung[1]
1885	696	563	63	·	0,1	69,9
in %	100	80,9	9,1	·	·	10
1900	695,7	563,6	57	15,5	25,4	34,2
in %	100	81	8,2	2,2	3,7	4,9

[1] Hs- u. Hofräume, Wege, Gewässer, Ödflächen etc.

Größe und Zahl der landwirtschaftlichen Betriebe in der Bgm K 1897/98 und 1908/09 (in ha)

ha	unter 2	2–5	5–25	25–50	über 50
	Tagelöhnerbesitzungen	kleine Bauerngüter	mittlere Bauerngüter	größere Bauerngüter	große Bauerngüter
1897/98	90	7	22	2	8
1908/09	171	8	8	5	7

(Beissel 1899, S. 147; Beissel 1910, S. 193)

Viehbestand 1809–1913

Jahr	Pferde	Esel/ Maultiere	Rindvieh	Schweine	Schafe	Ziegen/ Ziegenböcke	Federvieh	Bienenstöcke
1809	64	3	330	200	120	15	·	80
1813	·	·	458	·	·	·	·	·
1816	110	·	445	184	·	14	·	·
1873	78 (81)[1]	·	269 (342)	154 (150)	·	40 (88)	·	11
1892	78	·	322	184	·	96	·	·
1900	69	·	276	233	1	99	881	4
1912/13	69	·	248	267	·	102	1.199	·

(Andermahr: Statistik, S. 45 = 1809 = Mairie K, bei Bers: Kaster, S. 55, 317 Schafe, abweichende Zahlen in LAV NRW R Roer-Dep. 2678; Bers: Kaster, S. 55, Zahl für Mairie K; LAV NRW R: Oberpräsidium Köln 5 = 1816, Zahlen für Bgm K; Beissel 1899, S. 165 = 1892, Zahlen für Gemeinde K)

[1] Zahlen in ( ) = Bgm ohne Stadt K

V, 2 Fischerei

1398 Fischer erw. [→ III,1 Amtsträger u. Bedienstete]. Die Fischbestände sind durch Otter gefährdet, die gejagt werden [Herborn/Mattheier: Rechnung, S. 93, 109 = 1398/99; W. Herborn: Die sog. Fischmeister-Rechung des Jülicher Fischmeisters v. 1398/99. In: Aufsätze, S. 175 = 1399; für das 17. Jh. vgl. die K.er Kellnereirechnungen z. B. LAV NRW R: JB III R K 1, fol. 119v, 120v = 1548/49]. 1398 Erw. eines Fischweiers [Herborn/Mattheier: Rechnung, S. 66]

1523 besitzt der Hz v Jülich-Berg als Herr der Burg K die Fischereirechte in der Erft v Harff-Bedburg [LAV NRW R: Hauptgericht Jülich 1928, fol. 95; Andermahr: K, S. 205]

im 17. Jh. gibt es hinter dem Schloss einen Fischweiher [LAV NRW R: JB III R K 21, fol. 17v = 1623/24]

E 18. Jh. ist die Fischerei verpachtet [ebd. Roer-Dep. 3266, fol. 14v]

1826 wird die Fischerei in der Erft in der Bgm K vom Schwanenplatz bis zur Grenze mit der Bgm Königshoven auf 6 Jahre verpachtet [ebd. Reg. Köln 874]

V, 2 Jagd

1398 erhält der herzogliche Jäger 1 Pferd [Herborn/Mattheier: Rechnung, S. 63]

im 18. Jh. ist die Jagd im Amt K verpachtet [LAV NRW R: Roer-Dep. 3266, fol. 14v]

V, 3 Bergbau

1843 wird das Feld „Glücklicher Fall" nordöstl. der mittelalterlichen Ortslage K für den Braunkohlebau konzessioniert. Bis 1857 beutet die Grube „Glücklicher Fall" Braunkohle im Stollenbetrieb zwischen Oberschlag u. Geddenberg ca. 2 km östl. v K aus. 1861 wird im Zusammenhang mit dem Braunkohlenabbau in Neurath das Feld „Glücklicher Fall" Erweiterung konzessioniert [→ Tafel 2, → TK 1845; Zenker: Braunkohle, S. 21 f., 24, 26 f., 108–111]

1911 wird die Gewerkschaft (Bergwerksunternehmen) „Der glückliche Fall" ggr. 1917 wird sie inklusive Feld v der Niederrhein. Licht- u. Kraftwerk AG (NLK) in Rheydt erworben. 1924 Teilung in 3 neue Felder (Nord, Ost, Süd). Verkauf der Felder Nord u. Süd an die Niederrhein. Braunkohlenwerke (NBW) in Rheydt. 1929 entsteht u. a. durch Vereinigung der Felder Glücklicher Fall Nord u. Süd das Feld Tollhaus. Eigentümer sind je zur H die Niederrhein. Braunkohlenwerke u. die Gewerkschaft Ewald in Frimmersdorf [ebd., S. 42–45]

1954 Übernahme der Niederrhein. Braunkohlenwerke durch die Braunkohlen- u. Brikettwerke Roddergrube. 1959 werden alle Unternehmen im Rhein. Braunkohlenrevier zur Rhein. Braunkohlen AG (Rheinbraun) als hundertprozentige Tochter der Rhein.-Westfälischen Energiewerk AG (RWE) zusammengeschlossen. 2003 geht Rheinbraun in der neuen RWE Power auf

1960 wird nach Beendigung des Tagebaus Neurath der Abbau in Frimmersdorf Südfeld im Bereich Morken-Harff-Bedburg-K begonnen. 1983 Vereinigung mit dem Tagebau Garzweiler (Garzweiler I) [ebd., S. 147, 150–153, 157, 159, 180; 100 Jahre Braunkohlenförderung im Nordrevier, RWE Power 2007, S. 7]. Mit dem Abbau des Südfelds wird die Umsiedlung v Epprath u. Morken-Harff, K.er Stadtteile seit 1956, u. Königshoven, Stadtteil seit 1968, unabwendbar. Die Umsiedlung v Epprath u. Tollhaus findet v 1965–68, die v Morken-Harff v 1966–76 (1975 Abriss des Schlosses Harff) u. die v Königshoven v 1969–83 statt [Zenker: Braunkohle, S. 185 f.; → II,2 Siedlungsentwicklung; → III,9]

V, 4 Gewerbe und Industrie (auch Druckereien und Zeitungen)

V, 4 Mühlen

1244 *molendinarius* zu K erw. [→ I,3], sodass man v einer Mühle in K ausgehen kann. Ob sie als Burgmühle „spätestens" im 17. Jh. entstanden ist [Kreiner: Mühlen, S. 367], steht dahin

1384 verpachtet Hz Wilhelm II. v Jülich die (an der Erft neben dem Erfttor gelegene) Mühle zu K an Tiele, Tieles Sohn v Herchenbroich [LAV NRW R: JB RuH 18 Nr. 87, fol. 81v; wegen Wasserschaden zit. nach Drewes: K, 46; vgl. Kreiner: Mühlen, S. 350; Richter: Lebenswelten, S. 130]

1387 wird das äußerste Mühlrad (*usserste molen rat*) erw., sodass man v 2 Mühlrädern ausgehen kann [REK IX 1472 I]

1398 Reparaturen an der Mühle u. der Mühlenarke, die 32 Tage dauern u. v 32 auf der Burg verköstigten Arbeitern ausgeführt werden. Ein Mühlenmeister hat die Bauaufsicht, ein Segschneider schneidet die Hölzer zu, 4 Knechte rammen Pfähle in den Boden u. legen *den dam*, ein Schmied verrichtet *alreleye smedewerck* [Herborn/Mattheier: Rechnung, S. 94, 112, 128; Kreiner: Mühlen, S. 354]

1398/99 erhält der Landrentmeister 39 Malter Weizen, 189 Malter Roggen, 100 Malter Gerste u. Malz v der Mühle (*moele*) zu K [Herborn/Mattheier: Rechnung, S. 48–50]. Da ein *melenrat* (Mehlrad?) erw. wird, könnte dies bei den bereits 1387 nachweisbaren 2 Rädern darauf hinweisen, dass zudem noch ein Ölgang vorhanden ist. Dann hätte in K die erste wassergetriebene Ölmühle an der Erft gestanden [Kreiner: Mühlen, S. 366 f.]

1402 wird Rembodo v Titz mit Hs u. Hof in K belehnt. Er hat eine Rente v 24 Malter Roggen p. a. *an der moilen* zu zahlen [Kop 15. Jh., LAV NRW R: Jülich Lehen Generalia 1, fol. 34; vgl. ebd. Herrschaft Paffendorf Akt 5, 31, fol. 2 = 1488; Kreiner: Mühlen, S. 350 schließt daraus auf eine Lehensvergabe der Mühle. Doch weist dies auf den Ort der Ablieferung hin wie auch im Falle eines verlehnten Hofes in Omagen, vgl. Drewes: K, Nr. 357 = 1465]

im 16. Jh. sind die Bewohner v K u. Rödingen v der Molter befreit. Wenn die Mühle zur Verpachtung stand, wurde dazu in den Kirchen v K, Rödingen, Oberembt, Esch, Lipp, Kirchherten, Königshoven u. Morken aufgerufen [LAV NRW R: JB III 1156, fol. 7, 92, 300v, 304, 398–399; über laufende Kosten, Mahlkapazität u. Moltereinnahmen vgl. Kreiner: Mühlen, S. 360–364]. 1635 wird gerichtlich entschieden, dass Kirchherten, Grottenherten u. Pütz *an der Mullen* zu K *zwangbahr* seien [LAV NRW R: Hauptgericht Jülich 1141, fol. 62, 65]

1500/01 Ölmühle im Besitz des Hz v Jülich-Berg. Sie wird v einem Mühlenmeister versorgt u. bringt 15 Malter Weizen u. 24 Malter Roggen [ebd. JB III R K 1, fol. 7v, 14v, 18–19v, 24, 26v; ebd. 2, fol. 14v, 24, 26v]

1509 *weitmole* [Korth: Mirbach Nr. 908; vgl. LAV NRW R: JB I 1306, fol. 3]

1528–47 ist die Öl- u. Getreidemühle nicht verpachtet u. wird als Notbehelf in Eigenregie betrieben, weniger weil es in K u. Umgebung keine kapitalkräftigen Interessenten für eine Verpachtung gibt [Kreiner: Mühlen, S. 352], sondern eher weil die Getreideproduktion klimatisch bedingt zu gering ist [LAV NRW R: JB III 1156, fol. 94; Kreiner: Mühlen, S. 351]

1547 ist die Öl- u. Getreidemühle für 122 Mark 6 Schilling an den Vogt verpachtet. Der Pächter kann nach 6 Jahren vom Vertrag zurücktreten, was auch geschieht [LAV NRW R: JB III R K 2, fol. 121; ebd. JB III 1156, fol. 5–6v]

1547/48 besitzt der Müller ein eigenes Mühlenpferd [ebd. JB III R K 2, fol. 100; ebd. JB III 1156, fol. 94 = 1566/67]

1553 wird die Mühle auf 12 Jahre für 36 Malter Weizen, 144 Malter Roggen, 70 Malter Malz u. 36 Malter Ferkelkorn verpachtet. Der Pächter kann nach 3 Jahren vom Vertrag zurücktreten, was auch geschieht [ebd. 3, fol. 79; ebd. JB III 1156, fol. 10–11v]

1554 hat der Mühlenpächter nicht *vyll Gemaltz*. Wegen der *Plaich der Pestilents* sind K.er gestorben oder geflohen. Auswärtige wollen nicht in K mahlen lassen [ebd. JB III 1156, fol. 17; über die Pest in K vgl. auch Richter: Lebenswelten, S. 300, 303]

1555 sind die Mühlendeiche an mehr als 10 Stellen durchbrochen. Deshalb steht die Mühle still [LAV NRW R: JB III 1156, fol. 24–31]

1556 werden die Mühlendeiche u. die *Vloetarck* erneuert. Durch das Hochwasser sieht sich der Mühlenpächter in seiner Existenz bedroht [ebd. JB III R K 4, fol. 41; ebd. JB III 1156, fol. 33–35]

1556/57 bringt die Mühlenpacht 36 Malter Weizen, 144 Malter Roggen u. 36 Malter Ferkelkorn [ebd. JB III R K 4, fol. 47v, 61v, 79, 398–406 Mühlenrechnung = 1559/60; über Mühlenreparaturen u. -bauten sowie Kauf v Mühlsteinen finden sich zahlreiche Belege in den Kellnereirechungen vgl. ebd. 2, fol. 82 = 1547/48; ebd. 3, fol. 98–100 = 1553/54; ebd. 4, fol. 41–42 = 1556/57, 145r/v = 1557/58; ebd. 5, fol. 101a–121, 230–253 = 1564, 364–384v = 1564, 364–384v = 1566; ebd. 6, fol. 105v–106 = 1566/67, 230, 353–354 = 1567/68; ebd. 8, fol. 33, 123, 126, 239v = 1573–76; über den Kauf v Mühlsteinen in Neuss, Düsseldorf u. Düren vgl. ebd. JB III 1156, fol. 63, 92, 118v, 304]

1566/67 bringt die Mühle 79 Gulden 6 Albus 10 Heller. Das Personal besteht aus 1 Mühlenknecht, 1 *Olichschleger*, 1 Wagenknecht [ebd. JB III R K 6, fol. 106; JB III 1156, fol. 94]

1568 wird das hölzerne Mühlenbett durch eins aus Hausteinen ersetzt [ebd. JB III 1156, fol. 87–93v]

1569 wird die Korn- u. Ölmühle auf 12 Jahre verpachtet. Der Vertrag ist nach 6 Jahren kündbar. Sie bringt 160 Malter Roggen, 150 Malter Malz, 20 Malter Ferkelkorn oder für jeden Malter 1 Königstlr., 2 fette Schweine u. a. m. [ebd. Hs A I 4, fol. 189–191v; ebd. JB III 1156, fol. 300–301]

1571 werden nach einer Inspektion durch einen Zimmermann u. einen Mühlenmeister die benötigten Baumaterialien für eine Reparatur der Mühle ermittelt. 1572 werden 2 der 3 Wasserräder repariert u. 2 Mühlsteine angeschafft [ebd. JB III 1156, fol. 118r/v, 156v]

1573 wird die Mühle zu K zusammen mit der Windmühle in Rödingen verpachtet [ebd. fol. 387–388; ebd. JB III R K 12, fol. 78 = 1590/91]

1573 besichtigt Arnold Mercator aus Düsseldorf die Mühle. Einen höheren Aufstau der Erft, eine Veränderung des Verlaufs der Erft oder eine Verlagerung der Mühle an die *Kesselkulen* lehnt er ab. Er ermittelt die zum Neubau der Korn- u. Ölmühle für den Neubau benötigten Steine. In einem *Uberschlag* kommt er auf 136.000 Ziegelsteine für das Fundament u. die Mauer der eigentlichen Mühle, sodann für die Fundamente des Mühlenbetts u. des Schützwehrs sowie für die Uferbefestigungen [ebd. JB III 1156, fol. 195–196, 201–204; Kreiner: Mühlen, S. 447–449, 358]

1574/75 Neubau der Korn- u. Ölmühle aus Stein ein wenig weiter Erftaufwärts u. etwas näher am Erfttor. Sie wird in die Stadtbefestigung miteinbezogen. Die Ölmühle soll jetzt nicht mehr separiert auf dem rechten Erftufer außerhalb der Stadtmauer, sondern mit der Kornmühle einen einheitlichen Baukomplex bilden. Das alte Mühlhaus nimmt den Leiendecker u. den Schmied auf, weil sie ihre Hss räumen müssen. 1583 steht es noch [LAV NRW R: JB III R K 8, fol. 126; ebd. JB III 1156, fol. 196, 201; ebd. Jülich Mannkammerlehen 494, fol. 13, 15, 17v, 20; Kreiner: Mühlen, S. 109, 358f., dort S. 357 Grundriss des Mühlengewehrs sowie der Getreide- u. der Ölmühle = LAV NRW R: JB III 1156, fol. 196]

1574 wird durch den Baumeister u. 2 Mühlenmeister ein Verzeichnis des zum Mühlenbau benötigten Bauholzes (25 Baumstämme v 32 Fuß Länge, 6 Stämme v 36/37 Fuß u. 30 *grobe Holtzer*) erstellt. Der Mühlenpächter hat Anspruch auf Steinkohle vom Eschweiler Kohleberg [ebd. fol. 241–243, 388v; Kreiner: Mühlen, S. 359, 450f.]

1574 berichtet der herzogliche Baumeister Johann Pasqualini an die Regierung in Düsseldorf über den Mühlenbau in K [LAV NRW R: JB III 1156, fol. 264–265; Kreiner: Mühlen, S. 359f.]

1595/96 wird der Bau einer Pulvermühle erlaubt. Sie steht *uff vier Steilen* u. liegt neben der Mühle an der Erft. 1632 wird sie durch kaiserliche Soldaten zerstört u. nicht mehr aufgebaut [LAV NRW R: JB III R K 14, fol. 29; ebd. 28, fol. 45; ebd. 34, fol. 18v; ebd. 43, fol. 18v]

1605 wird die Korn- u. Ölmühle zu K auf 12 Jahre für 62 Malter Roggen u. 82 Malter Gerste p. a. verpachtet [ebd. Hs A I 7, fol. 193–195v]

1623/24 liefert der Mühlenpächter p. a. je 62 Malter Roggen u. Gerste. Er ist v der früheren Bereitstellung eines v 2 Pferden gezogenen Karrens befreit. Die Mühle ist zusammen mit der Windmühle in Jüchen verpachtet [ebd. JB III R K 21, fol. 65v; über den Dienstkarren vgl. ebd. JB III 1156, fol. 306 = 1568]

1625 wird nach dem Stadtbrand v 1624 [→ II,2 Brände] der Wiederaufbau der Mühle aus Ziegelsteinen begonnen [ebd. JB III R K 21, fol. 45, 96r/v]. 1626 ist er noch nicht abgeschlossen. Es werden 38.000 Ziegelsteine, außerdem Kalk, Holz u. Pfannen benötigt. Der Arbeitslohn wird auf 130 Rtl. veranschlagt [ebd. JB III 815, fol. 4v, 7f.]

1645 wird die Reparatur des Mühlendeichs erw. Das alte Mühlenhaus steht noch [ebd. Herrschaft Paffendorf Akt 5, 27, fol. 43v, 89]

1710 wird die Mühle auf 12 Jahre für je 110 Malter Roggen u. Gerste oder Malz verpachtet. Der Müller ist verpflichtet, die an der Mühle vorhandene Waage *öffentlich* aufzuhängen [ebd. JB III R K 90, fol. 43–45v, dort Auflistung der Pachtbedingungen; vgl. ebd. 120, fol. 32v–33 = 1740/41; ebd. 150, fol. 34v–36v = 1750/51]

1769 wird die Mühle auf 24 Jahre für je 128 Malter Roggen u. Gerste = je 134 Malter 7 Viertel 2 ¾ kölnisches Maß verpachtet [ebd. 164, fol. 24, 44]

1775 wird sie kurfürstliche *Cameral-* oder *Cammer-Mühl* gen. [ebd. 135, fol. 100, dort fol. 144 Einzeichnung ihrer Lage an der Erft; vgl. Tafel 7]

1793 Rossmühle [LAV NRW R: Roer-Dep. 3266, fol. 12v], steht 1797 still. Sie wird v dem Pächter repariert u. wieder in Betrieb genommen [ebd. Lande zwischen Maas u. Rhein 1892, fol. 8r/v]

1803 wird die ehem. kurfürstliche Mühle mit 3 Gängen nebst 1 Hs, 1 Waschhaus, 2 Speichern, 3 Ställen für 39.200 Franken verkauft [Schieder: V/1, S. 153]

1832 Mahl- u. Ölmühle in K an der Erft [LAV NRW R: Reg. Köln 2162 I, fol. 25v–26]

1859 Errichtung eines neuen Wirtschaftsgebäudes der Mühle [Ohm: Bergheim, S. 68]

1865 ist der Bau des v der Erft abgeleiteten Mühlenkanals (Mühlenerft) abgeschlossen [Archiv d. Erftverbandes Bergheim: Karte 4502–12; → Tafel 3, → TK 1893]

1871 erhält die Mühle eine Turbine [Sta Bedburg: Amt Königshoven 566]. 1961 stillgelegt [H. Vogt: Niederrhein. Wassermühlenführer, 2. Aufl. Krefeld 1999, S. 167]

V, 4 Gewerbe und Industrie

1364 *smede, smyt* [→ I,3 adjektivisch]

1398/99 werden folgende Berufe erw.: Glasmacher, Goldschmied, Schmied, Wasserbauer, Schieferdecker, Zimmerleute (*segesneder*), die vermutl. in K wohnen [Herborn/Mattheier: Rechnung, S. 90, 92, 94, 96f., 112]

1410 werden Kaufleute aus K gen., die mit Waid handeln u. die Brabanter Messen besuchen [Dösseler: Messen, S. 77]

1431 Heinrich, *copman van wee* gen. [ebd.]

1468 Friedrich Schomecher v K [Korth: Mirbach Nr. 586]. Ob er das Gewerbe ausgeübt hat oder es ein Familienname ist, bleibt fraglich

1490 2 Weinwirte [LAV NRW R: JB I 1106, fol. 6, 12]

1500/01 Bartscherer, Schlossmacher, Leiendeckermeister [ebd. JB III R K 1, fol. 9v, 10, 13, 14, 16v, 20]

1509 Peter Armbrustmecher [Korth: Mirbach Nr. 910]. Ob er das Gewerbe ausgeübt hat oder es ein Familienname ist, bleibt fraglich

1512/13 sind 2 Kaufleute aus K im Handel mit Antwerpen tätig, ebenso 1 Fuhrmann [W. Herborn: Der Antwerpener Markt u. die Städte im Hzt Jülich um 1500. In: Herborn: Aufsätze, S. 69–72, 85f., nach R. Doehaerd: Études Anversoises, 3 Bde., 1962/63]

1518/19 Pelzer [LAV NRW R: JB III R K 1, fol. 96]

1547/48 Zimmermann, *Esser* (Wagenbauer) [ebd. 2, fol. 23, 77, 82]

1549/50 Schlossmacher, Maurermeister [ebd. fol. 200r/v]

1550/51 Leiendecker, Zimmermann [ebd. fol. 242v, 262v]

nach M 16. Jh. ist in K die Tuchhändlerfamilie Simonius ansässig [Richter: Lebenswelten, S. 129 mit Anm. 474, 273f.]

1553/54 Krämer [LAV NRW R: JB III R K 3, fol. 98]

1554 Schmied, Esser (Wagenbauer), Hamacher [ebd. JB III 1156, fol. 17]

1554/55 Schreiner, Nagelschmied, Leiendecker aus Roermond [ebd. JB III R K 3, fol. 102, 175, 177–178]

1566/67 Zimmermann, Segschneider, Schmied, Esser (Wagenbauer), Hamacher [ebd. 6, fol. 40, 106, 109]

1567/68 Glasmacher aus Grevenbroich [ebd. fol. 162]

1574/75 2 Leiendecker, Schmied [ebd. 8, fol. 234, 269v]

1578/79 Schumacher [ebd. 9, fol. 27v]

1584/85 2 Leiendecker [ebd. 10, fol. 384]

1586/87 Schlossmacher [ebd. 11, fol. 166]

1590 Brauer [ebd. Hauptgericht Jülich 50, fol. 22v]

1590 *Heckelschneider* [ebd., fol. 26–27]

1592/93 Schmied, Zimmermann [ebd. 12, fol. 386r/v]

E 16. Jh. Weinhandel in K [Richter: Lebenswelten, S. 132f.]

A 17. Jh. Bäcker, Schuster, Glasmacher, Fassbinder [ebd., S. 129f.]

1623/24 3 Zimmerleute, Leiendecker [LAV NRW R: JB III R K 21, fol. 44v, 93v]

1625/26 Schreiner, Schlossmacher [ebd. 22, fol. 43v, 45]

1645/46 Strohdecker [ebd. Herrschaft Paffendorf Akt 5, 27, fol. 45]

1666 Barbier [→ IV,6]

1671/72 Schmied [LAV NRW R: JB III R K 60, fol. 46v, 48]

1754/55 Glasmacher, Schmied, Zimmermann [ebd. 134, fol. 63v–64]

um 1770 Schneidermeister [Sta Mönchengladbach: Best. 24 Akt 126]

1775 Maurermeister, Zimmermann [LAV NRW R: Jülich Mannkammerlehen 495, fol. 136, 144v]

1793 Maurermeister [Sta Mönchengladbach: Best. 24 Akt 126]

Berufsstruktur der Commune K 1799

Branche	Zahl
Landwirtschaft	
Selbstständige: Ackerer, Kleinlandwirte, Gutsbesitzer	39
Unselbstständige: Knechte, Mägde	24
Handwerker	27
Handel (Händler, Kleinhändler, Hausierer)	5
Gastwirte (Destillierer, Gastwirt, Schankwirt)	4
Verwaltungssektor	5
Selbstständige Akademiker (Advokat, Notar, Pfarrer)	3
Tagelöhner	44
ohne Berufsangabe	
Männer	36
Frauen	121
Summe	308

(Bers: Kaster, S. 61f.)

Berufs- und Gewerbetabelle 1799–1809			
	1799	1803	1809
	Commune	Commune (Mairie)	Mairie
Ackerer/-in	35	34 (58)	30
Gutsbesitzer	2	2	·
Landwirt	2	·	·
Advokat	1	·	·
Arzt, Wund-	1	1[1]	1
Bäcker	1	·	2
Beamte/Bedienstete	·	·	·
Kirchendienst	2	4	·
Justiz	1	·	·
Kommunalverwaltung	1	1	·
Polizei	1	1	·
Zoll	·	4	·
Brauer	·	·	2
Destillierer	1	1	2
Fassbinder	1	(1)	·
Feldhüter	·	·	1
Fuhrmann	1	·	·
Gerber	1	·	2
Loh-	·	1	·
Rot-	2	·	·
Händler	2	4	·
Bier-	·	1	·
Hausierer	1	1	2
Klein-	1	·	·
Tabak-	1	2	·
Hamacher	1	·	·
Knecht	11	26 (25)	·
Stall-	·	16 (27)	·
Magd	13	39 (38)	·
Maurer	1	1	·
Mühlenbauer	1	1	·
Müller	·	1	1
Notar, Rechtsgelehrter	1	1	·
Organist	1	·	·
Radmacher	·	1	1
Sattler	1	·	·
Schlosser	1	·	·
Schmied, Huf-	3	2 (1)	4
Schneider	8	2	6
Schreiner	1	·	1
Schuster	3	3 (1)	5
Sekretär	1	·	·
Strumpfwirker	·	1	·
Tagelöhner/-in	34	47 (71)	·
Wirt/-in	·	·	·
Gast-	2	·	·
Schank-	1	·	3
Weber	2	(6)	·
Zimmermann	·	·	3
insges. (ohne Tagelöhner, Rentiers u. Pensionäre)	110	151 (157)	66
Zahl der Berufe/Gewerbe (ohne Tagelöhner, Rentiers u. Pensionäre)	36	25 (8)	·
Ew	362	492 (1.135)	1.066

(Bers: Kaster, S. 65 = 1799, nach LAV NRW R Roer-Dep. 1720 I; ebd. = 1803; Andermahr: Statistik, S. 48–50 = 1809)
[1] officier de santé

1819 2 Bierbrauereien mit je 1 Braupfanne u. einem p. a. Absatz v 72 Ohm kölnisch, 3 Branntweinbrennereien mit je 1 Branntweinblase u. einem p. a. Absatz v insgesamt 68 Ohm kölnisch [LAV NRW R: Reg. Köln 2170, fol. 89v–90, 95v–96]
1825 Rotgerber [Sta Mönchengladbach: Best. 24 Akt 126]
1840 2 Brennereien in der Bgm K [LAV NRW R: Reg. Köln 2170, fol. 89v–70, 95v–96]
1842 Schmiedewerkstatt vor dem St. Agatha-Tor. Daraus entsteht ein Landmaschinenreparaturbetrieb. 1960 geschlossen [Andermahr: K, S. 171]
vor 1848 Brauerei Weindorf in der ehem. Kellnerei. Sie besteht noch um 1908 [Beissel 1899, S. 194; Beissel 1910, S. 241; Andermahr: K, S. 171]
1851 Gaststätte vor dem St. Agatha-Tor erw. [ebd.]

Erwerbsverhältnisse in der Bgm K 1861 (ohne Landwirtschaft)	
Branche	Zahl männl./weibl.
Dienstboten	6/2
Handarbeiter	33/19
Kommunalbeamte	5
Pensionär	1
Rentier	3/4
Teilweise v. Almosen lebend[1]	28/15
Ganz v. Almosen lebend[1]	7/14

(Stat. Darstellung 1863, S. 9 f.)
[1] Haushaltsvorstände

Gewerbesteuerpflichtige in der Bgm K 1861	
Beruf	Zahl männl./weibl.
Bäcker	4
Bierbrauer	1
Handwerker	4
Hausierer	7
Kaufmann o. kaufmännische Rechte	14
Metzger	1
Müller	1
Wirt	13
Summe	45

(Stat. Darstellung 1863, S. 126 f.)

1861 1 Dachziegelfabrik in Tollhaus. Sie produziert 1908 60.000 Ziegel u. hat 6 Arbeiter [Beissel 1910, S. 241]
1867 1 Lohgerberei in K produziert p. a. im Wert v 68 Talern, bei einer Verarbeitung v durchschnittlich 100 Häuten [LAV NRW R: Reg. Köln 2168, fol. 14r–15]
1896 Errichtung einer Ringofenziegelei in Lipp, produziert p. a. ca. 2,5 Millionen Ziegel u. beschäftigt im Sommer 45 u. im Winter 10 Arbeiter, gleiche Produktionszahl 1909 bei 25 Arbeitern [Beissel 1899, S. 192 f.; Beissel 1910, S. 240]
um 1908 1 Molkerei u. 1 kleinere Brauerei (Weindorf) in der Bgm K [Beissel 1910, S. 276]. Die Molkerei bestand bereits 1898 u. wurde 1937 geschlossen. Das Gebäude diente danach als Mietshaus. 1971 nach Brand abgerissen [Sta Bedburg: Amt Königshoven 601; Andermahr: K, S. 170]
um 1910 3 Gaststätten [ebd., S. 171 f.]
1951 sind v 270 der in K wohnhaften Erwerbspersonen 73,3 % Auspendler. Über 70 % haben einen Arbeitsplatz in den Nachbarstädten Bedburg (41,9 %) u. in Bergheim 19 (9,5 %) sowie in den in der Nähe gelegenen Braunkohlengruben Neurath (13,6 %) u. Frimmersdorf (5,5 %). In K sind lediglich 72 (26,6 %) beschäftigt, davon 56 (77,7 %) in der Landwirtschaft, 9 (12,5 %) im Handel u. 6 (8,3 %) im Handwerk. 471 v 741 Ew (63 %) sind Familienangehörige [Sta Bedburg: Amt Königshoven 44]

Branchenaufteilung der Erwerbstätigen in K 1961		
Branche	Beschäftigte	%
Land- u. Forstwirtschaft, Fischerei	111	8,0
Baugewerbe	98	7,0
Dienstleistungen	68	4,9
Energiewirtschaft, Bergbau, verarbeitendes Gewerbe	834	59,8
Handel	118	8,5
Kreditinstitute u. Versicherungsgewerbe	10	0,7
Organisationen ohne Erwerbscharakter	86	6,2
Verkehr u. Nachrichtenübermittlung	70	5,0
Summe	1.395	100
Ew. Insges./Erwerbsquote	3.341	41,8

1961 beträgt der Auspendleranteil an den in K wohnhaften Erwerbspersonen 74,6 % [Wüst: Königshoven, S. 62], desgl. 1966 [Der Landkr. Bergheim, 1967, S. 105]
1968 sind 514 Erwerbstätige in der Bergbau- u. Kohleindustrie (= ca. ⅓ beschäftigt [Wüst: Königshoven, S. 63, Anm. 2]

Branchenaufteilung der Erwerbstätigen in K 1970		
Branche	Beschäftigte	%
Land- u. Forstwirtschaft	54	3,3
Produzierendes Gewerbe	1.040	64,2
Handel, Verkehr u. Nachrichtenübermittlung	273	16,8
Sonstige	254	15,7
Summe der Erwerbstätigen	1.621	100,0
Ew insges./Erwerbsquote	4.303	37,7

1970 beträgt der Auspendleranteil an der erwerbstätigen Bevölkerung 78,6 %, 1977 ca. 80 % [ebd., S. 62 f.]

1987 sind v 2.359 Erwerbspersonen 17 in der Land- u. Forstwirtschaft (= 0,7 %), 1.431 im produzierenden Gewerbe (= 60,7 %), 257 in Handel u. Verkehr (= 10,9 %) u. 654 in den sonstigen Wirtschaftsbereichen (= 27,7 %) beschäftigt [Dickmann: Umsiedlungsatlas, S. 212]

um 2009 werden im Industriepark Mühlenerft, einem rekultivierten ehem. Tagebaugebiet ca. 1 km nordöstl. der mittelalterlich-frühneuzeitlichen Ortslage Ks, Unternehmen angesiedelt. Der Standort profitiert v der Nähe zur – über die Landstr. 213 ohne Ortsdurchfahrt erreichbare [→ Tafel 3, → TK 2015] – Autobahn 61, die westlichste Autobahnverbindung v den Niederlanden u. Belgien zum süddeutschen Autobahnnetz (Anschluss Bedburg), sowie zur Autobahn 46, die v der niederländischen Grenze über Heinsberg, Düsseldorf, Wuppertal, Hagen ins Sauerland führt (Anschluss Jüchen-Grevenbroich). Außerdem liegt der Industriepark Mühlenerft günstig zu den Rheinhäfen Neuss u. Köln sowie zu den Flughäfen Düsseldorf u. Köln/Bonn. Ein weiterer Vorteil besteht darin, dass er als Industriefläche ausgewiesen ist u. Nacht- u. Dreischichtenbetrieb zulässt

2009 wird der Grundstein für den Bau der Fabrik des chinesischen Baumaschinenherstellers Sany gelegt [Rhein-Erft Rundschau v 12.5.2009]. Eröffnung 2011. 2016 Einstellung der Produktion. Ab 2017 Endmontage, Test u. Versand v aus China gelieferter Hafenumschlagmaschinen. 50 Mitarbeiter [bauMagazin online v 26.7.2017]

2009 mietet v den Unternehmen P3 die Firma Nex, Tochter des japanischen Logistikunternehmens Nippon Express, Büro-, Logistik- u. Lagerflächen im Industriepark Mühlenerft als Distributionszentrum für Unterhaltungselektronik u. Bürokommunikationsgeräte der Firma Epson. 2016 Erweiterung u. Umbau [Kölner Stadt-Anzeiger v 30.8.2016]

2014/15 entsteht auf einer über 100.000 Quadratkilometer großen Fläche im Industriepark Mühlenerft ein Logistik-Zentrum, das die Internationale Spedition Hamm aus Aachen v dem Immobilienkonzern Goodman mietet [Rhein-Erft-Zeitung v. 31.1.2014]

V, 5 Wirtschaftliche und soziale Gesamtentwicklung

Den Haupterwerb der Bewohner Ks stellte bis ins 19. Jh. die Landwirtschaft dar, welche die guten geologischen u. klimatischen Voraussetzungen nutzte [→ V,2 Landwirtschaft]. V E 18.–A 20. Jh. ging die Bedeutung der Landwirtschaft signifikant zurück. Heute ist sie kaum noch v Belang [→ V,4 Gewerbe u. Industrie, → Tabelle Gewerbe u. Berufe 1799–1809, → Erwerbsverhältnisse 1861, → BranchenaufIteilung 1970]. Die Landwirtschaft war immer konjunkturellen Einbrüchen ausgesetzt: In den 1530/40er Jahren etwa ließ sich kein Pächter für die Mühle finden, weil vermutl. wegen der vorausgegangenen sehr trockenen u. heißen Sommer die Getreideproduktion zu gering war [→ V,4 Mühlen; Kreiner: Mühlen, S. 351; über das Klima dieser Jahre vgl. R. Glaser: Klimageschichte Europas, [3]2013, S. 106–110]. Das wird auch der Grund dafür gewesen sein, dass 1534 die Bewohner v K als *arm Ackerluidt* bezeichnet wurden [LAV NRW R: JB II 5126, fol. 220; zum Klima des Jahrs 1534 vgl. Glaser: Klimageschichte, S. 106]. M 16. Jh. wütete zudem die Pest in K. Dadurch entvölkerte sich die Gegend u. kam die landwirtschaftliche Produktion teilweise zum Erliegen [→ V,4 Mühlen].

Als erster Handwerker wird 1364 ein Schmied gen. [→ I,3 adjektivisch]. Sein Beruf, der in den Quellen mit Ausnahme des 15. bis ins 20. Jh. erw. wird, steht in enger Verbindung mit der Landwirtschaft. Auch andere Handwerker [→ V,4 Gewerbe u. Industrie] waren bis ins 19. Jh. stark v der Landwirtschaft in K u. Umgebung abhängig (Dachdecker, Hamacher, Esser = Wagenbauer, Maurer, Pelzer, Schlossmacher, Schreiner, Strohdecker, Schumacher, Zimmerleute). Weitere Handwerker (Bäcker, Barbier, Fassbinder) werden eher für die Angehörigen des tertiären Sektors wie etwa die seit A 15. Jh. bezeugten Kaufleute gearbeitet u./oder für den Erhalt (Glasmacher, Wasserbauer) u. für die Versorgung der Burg (Goldschmied) gesorgt haben. Zünfte bildeten sich nicht heraus, weil dafür die Zahl der Handwerker in den einzelnen Sparten nicht ausreichte. Ihre Einkünfte waren zudem teilweise so bescheiden, dass sie noch nebenher Landwirtschaft betrieben. Das galt auch für einige Bedienstete der Burg.

Die Kaufleute in K profitierten v seiner Lage an den Str.verbindungen vom Rhein nach Brabant [→ I,1 Str.] u. exportierten A 15. Jh. Waid zu den Brabanter Messen [→ V,4 Gewerbe u. Industrie]. K bezog aus den Niederlanden Stockfisch (*pricken*) u. Salm [Jappe Alberts: Tolrekeningen, S. 104 = 1404/05, 153 = 1408/09]. Die Stadt war so respektabel, dass sie zum Einlager diente [Korth: Mirbach Nr. 502 = 1459]. V großem Nutzen für die Kaufleute war zudem die Funktion der Stadt als Residenz u. Witwensitz bis A 16. Jh. [Tod Hzn Sibylle v Brandenburg 1524; → III,1 Pfandschaften, Verschreibungen, Verkauf], die auch die Ansiedlung einer Apotheke A 16. Jh. verursachte. Ihr Besitzer betätigte sich 1514 als eine Art Hoflieferant u. bezog aus Antwerpen Südfrüchte u. Gewürze. Die Anwesenheit eines Arztes u. Apothekers nach M 16. – E 17. Jh. lässt sich mit der Stellung der Stadt als Witwensitz nicht mehr erklären [→ IV,6], deutet aber darauf hin, dass K mindestens für das Amt K eine zentrale Funktion einnahm, denn bei seiner geringen Einwohnerzahl hätte ein Arzt kein ausreichendes Auskommen gehabt. Die Mittelpunktfunktion K.s erkennt man ferner daran, dass seine Maße ebenfalls für das Amt K galten [→ V,6] u. deren Bewohner hier ihre Waren feil boten. Da neben Getreide E 16. Jh. in K zusätzlich mit Wein gehandelt worden ist, wurden dort nicht nur Produkte aus der unmittelbaren Nachbarschaft angeboten. Die Nähe zu Köln erwies sich E 14. Jh. außerdem als v Vorteil. Boten aus Geldern, Nimwegen u. Roermond machten Station in K [GAA Rechnungen Landesrentmeister 0001–218, fol. 1, 21v, 35v, 42v, 83v, 85]. Doch muss sich der Besucherstrom in die Stadt in Grenzen gehalten haben, da nie ein Hospital entstanden ist. Auffällig ist das geringe Steueraufkommen K.s im Spätmittelalter u. in der Frühen Neuzeit [→ III,2 Bede, Akzise, Schatz/Landsteuer]. Vielleicht ist es deshalb trotz seiner zeitweiligen Residenzfunktion nicht zu einer der jülichschen Hauptstädte geworden [Richter: Lebenswelten, S. 182].

Die kriegerischen Auseinandersetzungen im 17. Jh. wirkten sich auf die wirtschaftliche Situation so stark aus, dass die wenigen ansässigen Juden für eine Generation lang die Stadt verließen [→ IV,8]. K begann, immer bedeutungsloser zu werden. Nach M 19. Jh. verpasste die Stadt die einsetzende Industrialisierung, wozu wesentlich der fehlende Bahnanschluss beigetragen haben wird. Ihn erhielt das benachbarte Dorf Harff. Dies geht wahrsch. auf den Einfluss der auf dem gleichnamigen Schloss wohnenden Gfn v Mirbach-Harff zurück [Andermahr: K, S. 169 f.]. Es ist nicht auszuschließen, dass sich auch die Brände v 1863 u. 1892 auf die ökonomische Entwicklung der Stadt negativ auswirkten [→ II,2 Brände]. Ein Indiz für die geringe wirtschaftliche Bedeutung ist das Gewerbesteueraufkommen des Ortes, das E 19. Jh. – 1. Drittel des 20. Jhs. das geringste der Städte u. Gem. im Kr. Bergheim war [VB BM (1899/1900), S. 13; 1900, S. 16; 1905, S. 12; 1907, S. 34; 1911, S. 63; 1914, S. 78; 1927, S. 12]. Neben der Lohgerberei, Molkerei u. Brauerei, die landwirtschaftliche Produkte verarbeiteten, den 2 Ziegeleien, der Reparaturwerkstatt für Landmaschinen u. den kleinen Handwerks- u. Dienstleistungsbetrieben blieb die Agrarwirtschaft der Schwerpunkt der Erwerbtätigkeit in K. Doch waren die landwirtschaftlichen Betriebe, v denen 1909 fast 84 % unter 2 ha lagen, viel zu klein, um ihren Besitzern einen hinlänglichen Lebensunterhalt zu gewährleisten. Deshalb mussten sie sich als Tagelöhner auf größeren Betrieben verdingen, eine Beschäftigung im Bergbau im Gemeindegebiet u. außerhalb suchen oder einer Tätigkeit im Umland nachgehen. Dadurch wurden viele landwirtschaftlich genutzte Flächen nur im Nebenerwerb bestellt [zur wirtschaftlichen Lage vgl. auch Andermahr: K, S. 167–172].

Große soziale Unterschiede innerhalb der Bevölkerung ziehen sich vom Mittelalter bis ins 19. Jh. durch, auf der einen Seite standen Burgmannen, begüterte Kaufleute, Großgrundbesitzer u. auf der anderen Seite v der Subsistenz lebenden Landwirte.

Nach dem Zweiten Weltkrieg wurde K endgültig zur Auspendlerstadt. Um 1950 waren schon fast ⅔ der in K lebenden Erwerbspersonen Pendler in die Nachbarstädte Bedburg u. Bergheim u. in die Braunkohlengruben Neurath u. Frimmersdorf, wo die Überzahl als Bergarbeiter beschäftigt war. Die meisten in der Stadt verbliebenen Erwerbspersonen gingen einer Beschäftigung in der Landwirtschaft nach [Sta Bedburg: Amt Königshoven 44, 601]. Nach der kommunalen Neugliederung v 1975 u. den durch den Braunkohlenabbau erforderlichen Umsiedlungen ging die Beschäftigung in der Landwirtschaft u. im Gewerbe noch weiter zurück. Die Zahl der Auspendler lag jetzt bei ca. 80 %. Damit war K zu einer „reinen Industriearbeiter-Gem." geworden [Wüst: Königshoven, S. 63]. Doch wurde durch die Verlagerung großer Teile der Verwaltung (Neu-)Bedburgs in das Rathaus der ehem. Stadt K [→ II,5 Gebäude] ein Kopplungseffekt (Behördenbesuch mit Einkauf in der Geschäftszone an der St. Rochusstr.) erzielt, der v 1974–1992 zu einem Anstieg der Fachgeschäfte u. „einer Erweiterung des Branchenspektrums" führte, sodass K nicht gänzlich zur Schlafstadt geworden ist [→ V,4 Gewerbe u. Industrie; Dickmann: Umsiedlungsatlas, S. 215]. Dieser Koppelungseffekt wird vermutl. durch die jetzige fast gänzliche Verlagerung der Verwaltung nach K noch zunehmen. Zudem ist K seither der größte Stadtteil der durch die kommunale Neuordnung geschaffenen Stadt Bedburg. Vom wirtschaftlichen Umbruch zeugt der Industriepark Mühlenerft, der auf dem Gebiet der ehem. Stadt K liegt u. nach der Rekultivierung des Geländes des Braunkohlentagebaus entstanden ist. Um 2009 waren bereits 30 Firmen dort angesiedelt. Er zählt heute zu einem der besten Standorte im nördl. Rheinland.

Als Folge des Zweiten Weltkriegs veränderte sich die Zusammensetzung der Bevölkerung: 1950 waren 19 % der Bewohner Heimatvertriebene [Kirchhoff: Bedburg, S. 219]. Zur Selbsthilfe sowie für religiöse u./oder gesellige Zwecke gegr. Vereinigungen spielten in K kaum eine Rollen, vermutl. weil die Stadt zu klein war [→ V,1]. Es gab lediglich die A 14. Jh. gegr. Schützenbruderschaft. Sie löste sich aber 1847 auf u. wurde erst 1870 neu ggr. [→ III,7]. Heute gilt eine Mitgliedschaft fast als selbstverständlich [Andermahr: K, S. 172]. Neben ihr gab es um 1966 7 weitere kirchliche Vereine [Handbuch des Ebtm. Köln, 26. Ausg., Bd. 2, S. 55]. Heute bestehen außer der Sebastianusschützenbruderschaft 12 weitere Vereine (religiöse Vereine. Sportvereine, Fördervereine; 3 zusammen mit Königshoven), die zur Pflege der sozialen Beziehungen untereinander beitragen.

V, 6 Maße und Gewichte

1364 *Castere maissen* [→ I,3 adjektivisch]

1398/99 gilt das K.er Maß in Garzweiler, Grottenherten, Holzweiler, Jüchen, Keyenberg, Kirchherten, Kirdorf, Königshoven, Oberembt, Pütz u. Sterzheim [Herborn: Aufsätze, S. 151]

15. Jh. 1 Malter = 4 Sümber, 1 Sümber = 4 Viertel, 1 Viertel = 4 Mutgen. 1 Malter K.er Maß entspricht ungefähr 1 Malter u. 1 Viertel Kölner Maß, also sind 17 Malter K.er Maß ungefähr 18 Malter Kölner Maß [LAV NRW R: JB III R K 3, fol. 147; vgl. Herborn/Mattheier: Rechnung. S. 217]

1675 100 Malter K.er Maß = 105 Malter 1 Viertel Kölner Maß [LAV NRW R: JB III R K 80, fol. 4; vgl. Herborn: Aufsätze, S. 99, Anm. 19]

VI Quellen und Literatur

VI, 1 Wichtige ungedruckte Quellen

1 Liber albus, Urkundenkopiar des Stifts St. Aposteln – Köln [HAStK: Best. 204 RuH 2]
2 Kirchliche Einkünfte 15./16. Jh. [LAV NRW R: JB II 230 T. 1]
4 Mühlen im Amt K 16. Jh. [LAV NRW R: JB III 1156]
5 Kellnereirechnungen des Amtes K 1500/01–1793/94 (mit geringen Lücken A 16. Jh.) [LAV NRW R: JB III R K 1–166]
6 Rechnungen des Vogtamtes K 15./16. Jh. [LAV NRW R: JB III R K 167]
7 Kirchliche Verhältnisse 17.–19. Jh. [HAEK: Dec. Bergheim]
8 Akt u. Protokolle der Bgm/Gem./Stadt K 1937–1974 [Sta Bedburg: Bestand Bgm/Amt Königshoven]
9 VB des Kr. Bergheim [Kra Bergheim]. – Zit.: VB BM

VI, 2 Wichtige gedruckte Quellen

1 Andermahr, H.: Eine französische Statistik des Ingenieurgeographen Étienne Nicolas Rousseau über den Kr. Bergheim aus dem Jahr 1809. In: Geschichte in Bergheim 1 (1992), S. 32–53. – Zit.: Andermahr: Statistik
2 Beissel, O.: Der Kr. Bergheim, seine Verwaltung u. seine wirthschaftliche Entwicklung unter bes. Berücksichtigung des Zeitraumes vom Jahre 1887/88–1897/98, Bergheim [1899]. – Zit.: Beissel 1899
3 Beissel, O.: Der Kr. Bergheim, seine Verwaltung u. seine wirtschaftliche Entwicklung während des Zeitraums vom Jahre 1898/99–1909, Bonn [1910]. – Zit.: Beissel 1910
4 Der Kr. Bergheim im Spiegel der Zahlen, Bergheim 1952–1966. – Zit.: BM Zahlen
5 Doorninck, P. N. van/Molhuysen, P. C.: Briefwisseling der hertogen van Gelre en van Gulik, Haarlem 1903. – Zit.: Doorninck: Briefwisseling
6 Drewes, G.: Quellen zur Geschichte v K aus dem Hauptstaatsarchiv Düsseldorf. In: Hinz: K, S. 69–148. – Zit.: Drewes: K
7 Jappe Alberts, W.: De tolrekeningen van Lobith over de jaren 1404/1405 en 1408/1409. In: Bijdragen en Mededelingen Gelre 81 (1967), S. 58–177. – Zit.: Jappe Alberts: Tolrekeningen
8 Korth, L. (Bearb.): Das Gräflich v Mirbach'sche Archiv zu Harff. In: AHVN 55 (1892), S. 1–349 (Nr. 1–300); 57,1894, S. 1–482 (Nr. 301–1547). – Zit.: Korth: Mirbach
9 (Raitz v Frentz, C. H.): Statistische Darstellung des Kr. Bergheim, zunächst für die Jahre 1859, 1860, 1861, Bergheim 1863. – Zit.: Stat. Darstellung (1863)
10 Sloet, J. J. S. Baron: Register op de leenaktenboeken, leenen buiten Gelderland, Arnheim 1912. – Zit.: Sloet: Leenaktenboeken

VI, 3 Wichtige Literatur

1 Amt K 600 Jahre, 1983. – Zit.: Amt K
2 Andermahr, H./Depcik, U.: Geschichte der Stadt K, Jülich 2007. – Zit.: Andermahr: K
3 Andermahr, H.: Wann u. durch wen erhielt K Stadtrechte? Ein Beitrag zur Geschichte der jülichschen Stadt K an der Erft. In: Neue Beiträge zur Jülicher Geschichte 16 (2004), S. 7–16. – Zit.: Andermahr: Stadtrechte
4 Bers, G.: K an der Erft. Geschichte u. Bevölkerungsstruktur einer ehem. jülichschen Amtsstadt im Jahr 1799, Jülich 2001. – Zit.: Bers: K
5 Bers, G./Fuchs, E./Lieberz, G.: Eine „Volksmission" in K im Jahre 1717. In: Geschichte in Bergheim 10 (2001), S. 145–159. – Zit.: Bers: Volksmission
6 Böck, M.: Hz u. Konflikt. Das spätmittelalterliche Hzt Geldern im Spannungsfeld v Dynastie, ständischen Konflikten u. territorialer Konkurrenz, Geldern 2013. – Zit.: Böck: Herzöge
7 Bremer, H.-J.: Beiträge zur Geschichte v K, 1892–1894 (Manuskript im Sta Bergheim). – Zit.: Bremer: K
8 Büren, G. v.: Nideggen, K u. Hambach. Burgenbau u. Hofhaltung der Hz v Jülich im 14. u. im 15. Jh. In: Burgenbau im späten Mittelalter II, Berlin 2009, S. 43–54. – Zit.: Büren: Burgenbau
9 Clemen, P. (Hg.): Die Kunstdenkmäler der Rheinprovinz 4,3: E. Polacek, E./P. Clemen, Die Kunstdenkmäler des Kr. Bergheim, Düsseldorf 1899. – Zit.: Clemen
10 Corsten, S.: Die Residenzen des Hzt Jülich. In: Flink, K./Janssen, W.: Territorium u. Residenz am Niederrhein, Kleve 1993, S. 97–117. – Zit.: Corsten: Residenzen
11 Dickmann, F.: Umsiedlungsatlas des Rhein. Braunkohlenreviers, Köln/Bonn 1996. – Zit.: Dickmann: Umsiedlungsatlas
12 Dösseler, E.: Der Niederrhein u. die Messen zu Antwerpen u. Bergen op Zoom vom Ende des 14. bis zum Ende des 18. Jhs. – Zit.: Dösseler: Messen
13 Herborn, W./Mattheier, K. J.: Die älteste Rechnung des Hzt Jülich, Jülich 1981. – Zit.: Herborn/Mattheier: Rechnung
14 Herborn, W.: Gesammelte Aufsätze zur Jülicher Territorialgeschichte, Köln 2005. – Zit.: Herborn: Aufsätze
15 Hinz, H.: Kr. Bergheim, Düsseldorf 1969. – Zit.: Hinz: Bergheim
16 Hinz, H.: Über Wüstungen im Kr. Bergheim (Erft). In: RhVjbl 21 (1956), S. 341–356. – Zit.: Hinz: Wüstungen
17 Hinz, H.: Zur Frühgeschichte der Stadt K. In: Hinz: K, S. 17–34. – Zit.: Hinz: Frühgeschichte
18 Hinz, H./Schläger, H.: Beiträge zur Geschichte v Burg, Stadt u. Amt K, Bedburg 1964. – Zit.: Hinz: K
19 Jansen, L.: Zur Stadtbefestigung v K. In: Neue Beiträge zur Jülicher Geschichte 31 (2018), S. 7–18. – Zit.: Jansen: Stadtbefestigung
20 Kircher-Kannemann, A.: K. In: Paravicini, W. (Hg.): Höfe u. Residenzen im spätmittelalterlichen Reich, Teilbd. 2, Ostfildern 2003, S. 291 f. – Zit.: Kircher-Kannemann: K
21 Kirchhoff, H. G./Braschoß, H.: Geschichte der Stadt Bedburg, Bedburg 1992. – Zit.: Kirchhoff: Bedburg
22 Köhler, H.: Der Landkr. Bergheim (Erft), Ratingen 1954. – Zit.: Köhler: Bergheim
23 Kraus, T. R.: Aachen u. das Reich. Studien zur Entstehung der Landesherrschaft der Gff v Jülich bis zum Jahre 1328, Aachen 1987. – Zit.: Kraus: Jülich
24 Kreiner, R.: Städte u. Mühlen im Rheinland. Das Erftgebiet zwischen Münstereifel u. Neuss vom 9. bis ins 18. Jh., Aachen 1996. – Zit.: Kreiner: Mühlen
25 Ohm, A./Verbeek, A.: Kr. Bergheim 2: Heppendorf-Kerpen, Düsseldorf 1971. – Zit.: Ohm: Bergheim
26 Oosterman, J.: Maria van Gelre (1380–1429). Sporen in het landschap, Nimwegen 2018. – Zit.: Oosterman: Sporen
27 Oosterman, J. (Hg.): Ich, Maria v Geldern, Zwolle 2018. – Zit.: Oosterman: Maria
28 Rech, M.: Die frühmittelalterliche Siedlung v Bedburg-K. In: Ausgrabungen im Rheinland 77, Bonn 1978, S. 221–225. – Zit.: Rech: Siedlung
29 Redlich, O. R.: Das Patronat der Kirchen Lipp u. K (bis 1540). In: AHVN 132, 1938, S. 85–93. – Zit.: Redlich: Patronat
30 Richter, O.: K im 16. Jh. In: Neue Beiträge zur Jülicher Geschichte 21 (2009), S. 49–72. – Zit.: Richter: K
31 Richter, O.: Niederrhein. Lebenswelten in der Frühen Neuzeit, Köln u. a. 2015. – Zit.: Richter: Lebenswelten
32 Roloff, H.: Braunkohle. III. Ortsumsiedlung u. Rekultivierung. In: Umwelt (1958), H. 13, S. 401–406. – Zit.: Roloff: Braunkohle
33 Roloff H.: Ortsumsiedlungen im Rhein. Braunkohlenrevier. In: Westdeutsche Wirtschafts-Monographien, Folge 2 Braunkohle, Köln 1962, S. 67–75. – Zit.: Roloff: Ortsumsiedlungen
34 Rosenkranz, A.: Sitzungsberichte der reformierten Synoden des Hzt Jülich, Düsseldorf 1972. – Zit.: Rosenkranz: Sitzungsberichte
35 Schläger, H.: K als altes Jülicher Amt. In: Hinz: K, S. 35–68. – Zit.: Schläger: K.
36 Wüst, K. H.: Zur Umsiedlung v Dörfern im rhein. Braunkohlengebiet am Beispiel Königshoven, Berlin 1977. – Zit.: Wüst: Königshoven
37 Zenker, P.: Braunkohle, Kraftwerke, Briketts, Berlin 2010. – Zit.: Zenker: Braunkohle

Februar 2019 *Wolfgang Löhr* (Mönchengladbach)

Tafelverzeichnis Rheinischer Städteatlas Kaster

Tafel 1
Grundriss Kaster nach der Urkarte von 1821 (1:2500)
Amtliche Basiskarte Kaster 2017 (1:5000)

Tafel 2
Topographische Karte Kaster 1806–1808, Tranchot und v. Müffling (1:25000)
Topographische Karte Kaster 1845, Preuß. Uraufnahme (1:25000)

Tafel 3
Topographische Karte Kaster 1893, Preuß. Neuaufnahme (1:25000)
Topographische Karte Kaster 2015, Digitale TK (1:25000)
Senkrechtluftbild Kaster 2016 (1:5000)

Tafel 4
Generalkarte der Bürgermeisterei Kaster 1821 (1:17000)

Tafel 5
Vogelschauplan 1614 (Ausschnitt) von Nicolaes van Geelkercken

Tafel 6
Amt und Stadt Kaster um 1720 von Johann Franz von Welser

Tafel 7
Grundriss von der vor der Stadt befindlichen Situation am Erftfluss 1755 (ca. 1:1900)

Tafel 8
Ansicht Kaster von Nordosten um 1725/30 von Renier Roidkin

Tafel 9
Ansicht Kaster von Nordwesten, St. Agathator und Erfttor 1893

Rheinischer Städteatlas (Nr. 103 - 2019) - KASTER
ISBN 978-3-412-50896-8

Zeichenerklärung

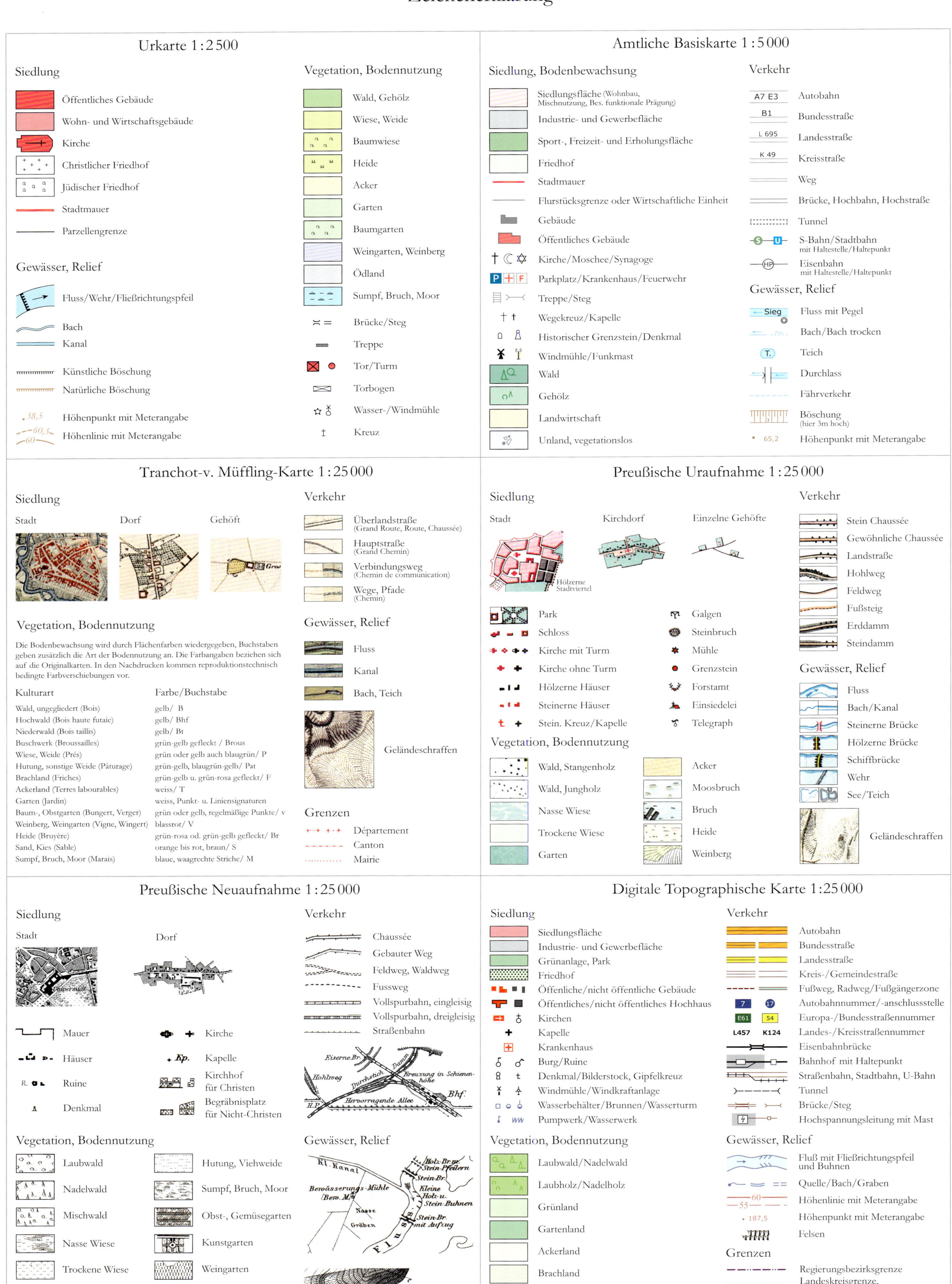

Tafel 1 - Stadtgrundrisse

[→ I, 1, 7, 9; II, 2; III, 1; IV, 2, 4–6; 8; 11; V, 2, 4–5]

1) Grundriss Kaster nach der Urkarte von 1821 (1:2 500)
Entwurf und Sachkommentar: Esther Weiss
Zeichnung: Martina Schaper

2) Amtliche Basiskarte Kaster 2017 (1:5 000)
© Katasteramt Rhein-Erft-Kreis 2017
(Der schwarze Rahmen kennzeichnet den Urkartenausschnitt)

ISBN 978-3-412-50896-8

KASTER
Grundriss nach der Urkarte von 1821
1 : 2 500
0
25
50
75
100 m
In Casterer Bruch
Erft Fluss
In Casterer Bruch
(Busch)
Zollhaus
nach Neuss
nach Köln
Weg von Caster
In Casterer Bruch
(Auf dem Wall)
Kleine Erft
(Im Sprung)
Erft Fluss
(Ruinen)
Auf dem Wall
(Auf dem Wall)
(Erfttor)
(Mühle)
(Schule)
Busch Land
(Kirchhof)
(Bauplatz)
Sprunggraben
(Am Sprung)
(Markt)
Busch Land
(Feldtor)
(Am Sprung)
(Busch)
Kamp
An der Schiesbahn
Weg an der Schies-Bahn
Am Steinweg
(Am Sprung)
Weg-Gasse
Lipper Gäschen
Der Stein Weg
An der Drieg Gasse
Am Steinweg
Im Hamm
Hinter dem Lipper Gäschen
Weg von Millendorf nach Caster
An der Lipper Straß
Im Casterer Acker

Tollhaus
Kasterer See
Im Tiergarten
Die Haag
Kläranlage
Burgruine
Auf dem Wall
Alt-Kaster
Erfttor
Friedhof
Friedhof
Kirchstraße
Hauptstraße
K.D. Stadtbefestigung
1 - Eulengasse
2 - Kirchgasse
3 - Vikariestraße
Agathator
Kp.
Auf dem Wall
Am Kasterer Bruch
Zippen-bruch
Kasterer Mühlenerft
Unten im Kasterer Acker
Sportplatz
Tennispl.
Sporthalle
Hans-Böckler-Straße
Stresemannstraße
Am Sprung
Am Tiergarten
Am Rathaus
Adenauerstraße
Gustav-Heinemann-Straße
Rathaus
K 36
Evang. Gde.
Lindgens Gärten
Sportanlage
Sportpl.
Kinderg.
Spielpl.
Schule
Burgundische Straße
Albert-Schweitzer-Straße
St.-Rochus-Straße
Spielpl.
Kp.
Heinrichstraße
Am Glockenputz
Reinhardstraße
Schubertstraße
St. Martinus
Schule
Kinderg.
Kinderg.
Gerhardstraße
Graf-Wilhelm-Straße
De-Werth-Straße
Barbarastraße
Zollhausstraße
Zoll-haus-platz
Oranienstraße
Brandenburger Str.
Beatrixstraße
von-Sparr-Straße
von-Hochstaden-Straße
Harffer Schloßallee
Am Pulshof
Melweg
Spielpl.
Leuwenaend
Kettelerstraße
Friedrich-Ebert-Straße
Spielpl.
Königsberger Straße
Kurt-Schumacher-Straße
Stettiner Straße
Breslauer Straße
Karl-Arnold-Straße
An der Schleifbahn
Rotkreuzweg
Wilhelm-Warsch-Straße
Frankenstraße
Bad
See
K 36
62,2
67,7
66,8
77,2
Spielpl.
71,6
Morkener Straße
Erlenweg
Eichenweg
Kinderg.
Harffer Schloßallee
Kiefernweg
Steinfurtsstraße
66,5
Römerstraße
71,3
August-Macke-Straße
Käthe-Kollwitz-Straße
Paul-Klee-Straße
Carl-Leyhausen-Allee
Ahornweg
75,3
77,3
von-Neuenahr-Straße
Friedlandstraße
L 279
65,2
Heinrich-Campendonk-Straße
Max-Ernst-Straße
Harffer Schloßallee
Rückhaltebecken
61,9
Am Pulsbach
Kinderg.
Marie-Nauen-Straße
Max-Beckmann-Straße
Heinrich-Lübke-Str.
Burgstraße
Sportplatz
59,3
Im Spleß
enholzer Graben

Sachkommentar zum Grundriss Kaster

Der Neuzeichnung des Grundrisses Kaster liegen folgende Quellen zugrunde:

Teile der Urkarten

- Section B, genannt Zollhaus. Aufgenommen im Jahre 1821 durch Harkort. Maßstab 1:2 500.

- Section C, genannt Heiligenhaus. Aufgenommen im Jahre 1821 durch Spohr. Maßstab 1:2 500.

- Supplementkarte Nr. 10. Auszug aus den Original-Katasterkarten der Gemeinde Caster, Lipp. Flur D. Angefertigt 1869 durch Franken. Maßstab 1:1 250.

- Generalkarte der Bürgermeisterei Kaster. Aufgenommen im Jahre 1821 durch Kataster-Geometer Harkort. Maßstab 1:10 000.

Sowie

- Gemarkungskarte Kaster, Flur D. Gefertigt im Monat November 1934 durch den techn. Angestellten Cerviny. Maßstab 1:625.

- Kaster nach einem Stadtplan von 1821. Maßstab 1:3 000.
  Aus: Hans Welters, Kaster, eine alte niederrheinische Stadt. Heimatblätter für den Kreis Bergheim 1, 1950.

- Grundriss Kaster nach der Preußischen Urvermessung von 1821. o. M.
  Aus: Hermann Hinz und Heinrich Schläger, Kaster. Beiträge zur Geschichte von Burg, Stadt und Amt Kaster, 1964.

- Urflurbuch Bürgermeisterei Caster, Fluren A - J, 1825.

Die Urkarten für den Ortskern Alt-Kaster, Flur D und die nordwestlich anschließende Flur I, genannt Omagen, waren trotz intensiver Recherche nicht aufzufinden.
Die vorliegende Zeichnung des Grundrisses innerhalb der Stadtmauer beruht auf Umzeichnungen aus den 1950/60er Jahren, die sich auf das Urkataster von 1821 beziehen. Die fehlenden Bereiche nördlich des Kellnerei-Grabens, auf dem Wall und der Bereich südlich der Stadtmauer im Bereich Sprung wurden nach der Generalkarte der Bürgermeisterei Kaster ergänzt. Die Urkarten der Fluren Zollhaus (Tollhaus) und Heiligenhaus sowie die Supplementkarte sind gut erhalten, so dass hier der Grundriss eindeutig wiedergegeben ist.
Die Kartierung der Kulturarten erfolgte parzellenweise nach den Angaben des Flurbuches.
Die Beschriftung wurde aus den Urkarten übertragen. In ( ) gesetzte Schrift ist dem Flurbuch entnommen.

Die Urkarten, die Supplementkarte und das Urflurbuch befinden sich im LAV NRW R in Duisburg. Die Katasterkarte von 1934 und die Bürgermeistereikarte werden im Vermessungs- und Katasteramt des Rhein-Erft-Kreises in Bergheim aufbewahrt.

Tafel 2 - Topographische Karten

[→ I, 1, 6; II, 2; IV, 4–6, 8, 11; V, 3–5]

1) Topographische Karte Kaster 1806–08 (1:25 000)
Zusammensetzung der Blätter 59 Grevenbroich (1807/08) und 69 Bedburg (1806/07) der Kartenaufnahme der Rheinlande durch Tranchot und v. Müffling 1801–28
Quelle: Reproduktion Geobasis NRW

2) Topographische Karte Kaster 1845 (1:25 000)
Zusammensetzung der Blätter 4905 Grevenbroich und 5005 Bergheim der Preußischen Kartenaufnahme 1836–50 (Uraufnahme)
Quelle: Reproduktion Geobasis NRW

ISBN 978-3-412-50896-8

Berger Feld
Feld
Am End
der Berg
Koenigshoven
Alhoven
Morken
Frimmersdorf
Neurath
M. DE FRIMMERSD
Alhover Feld
MAIRIE DE KOENIGSHOVEN
Harf
Epperath
Kaulenhof
CASTER
Buchholtzer-Fe
Buchholz
Harfer Feld
MAIRIE
Ohnmagen
Geddenberg
Winkelheim
Putzer feld
DE CASTER
Caster feld
Broich
BEDBOURG
Putz
Lipp
Millendorf
Klein-Trosdorf
Oppendorf
Auf der Lipper Hoehe
Blerichen
Kirch-Trosdorf
MAIRIE
Erbbusche
Kirdorf
Glesch
Niederembter feld

Frimmersdorf
Koenigshoven
Neurath
Morken
Harff
Emrath
Kaulen
Hohenholz
Ohmagen
Priorshof
Buchholz
Caster
Gedenberg
Winkelheim
Bruch
Pütz
BEDBURG
Lipp
Millendorf
Kl. Trosdorf
Schmikenhof
Gadshütte
Kirch Trosdorf
Etgendorf
Blerichen
Erft Fl.
Kierdorf
Glesch
Finkel Bach

Tafel 3 - Topographische Karten, Senkrechtluftbild

[→ I, 1, 7; II, 2; IV, 1, 4–6, 8–9; V, 2–5]

1) Topographische Karte Kaster 1893 (1:25 000)
Zusammensetzung der Blätter 4905 Grevenbroich und 5005 Bergheim der Preußischen Kartenaufnahme 1891–1912 (Neuaufnahme)
Quelle: Reproduktion Geobasis NRW

2) Digitale Topographische Karte Kaster 2015 (1:25 000)
Zusammensetzung der Kacheln 32328/5648, 32328/5652, 32328/5656, 32324/5648, 32324/5652 und 32324/5656
Land NRW (2017)
Datenlizenz Deutschland - Namensnennung - Version 2.0 (www.govdata.de/dl-de/by-2-0)

3) Senkrechtluftbild Kaster 2016 (1:5 000)
Zusammensetzung der Digitalen Orthophotos (DOP20) 32329/5652, 32329/5653, 32329/5654, 32328/5652, 32328/5653, 32328/5654, 32327/5652, 32327/5653 und 32327/5654
Land NRW (2017)
Datenlizenz Deutschland - Namensnennung - Version 2.0 (www.govdata.de/dl-de/by-2-0)
(Der weiße Rahmen kennzeichnet den Urkartenausschnitt)

ISBN 978-3-412-50896-8

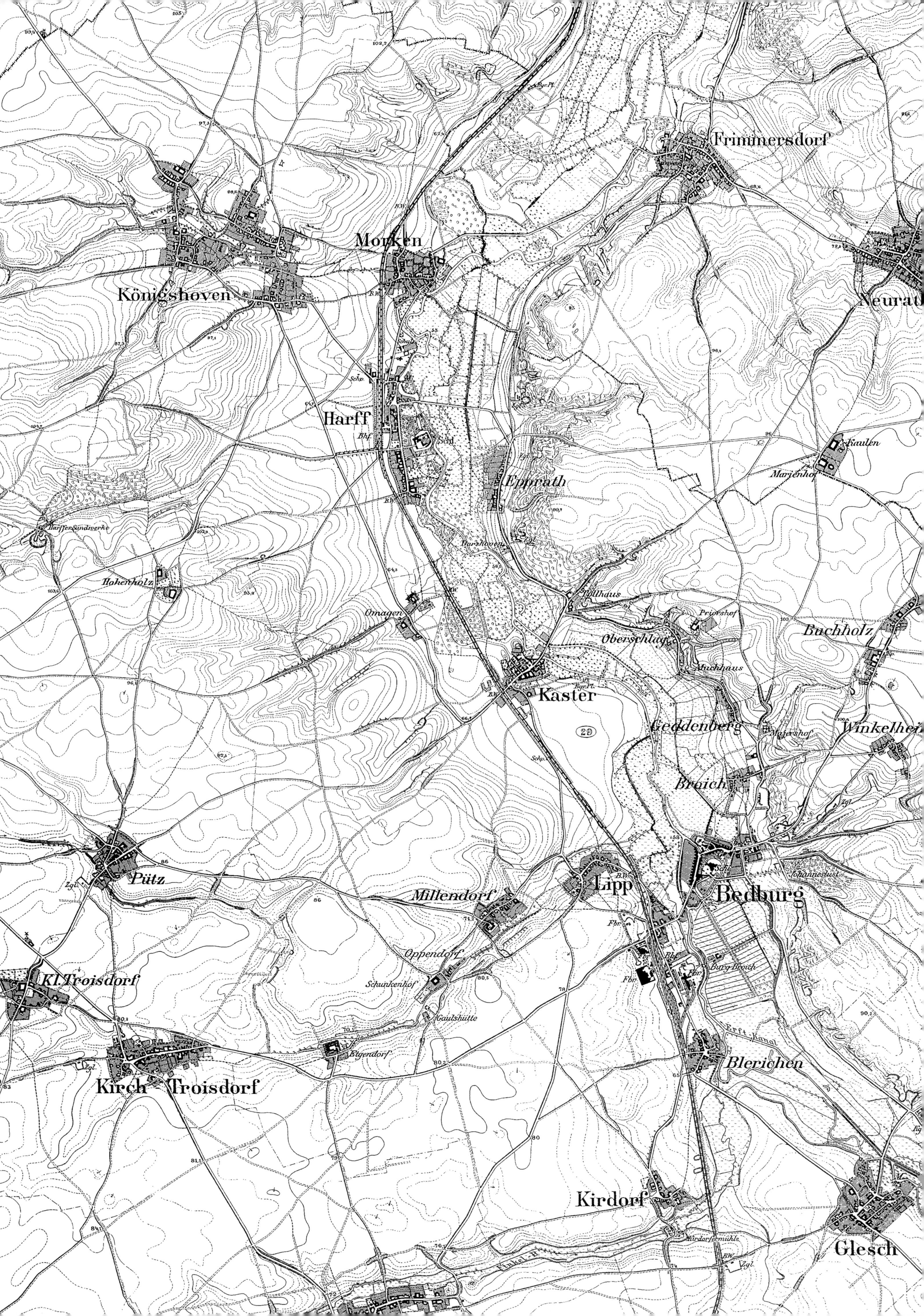

Frimmersdorf
Morken
Königshoven
Harff
Epprath
Kaulen
Marienhof
Hohenholz
Omagen
Prinzhof
Buchholz
Oberschlag
Kaster
Geddenberg
Broich
Pütz
Millendorf
Lipp
Bedburg
Oppendorf
Schunkenhof
Kl. Troisdorf
Gaudshütte
Burg Broich
Elgendorf
Erft-Kanal
Blerichen
Kirch-Troisdorf
Kirdorf
Glesch

FRIMMERSDORF
NEURATH
Neurather See
Deponie
Frimmersdorfer Höhe
Golf
Deponie
HOHENHOLZ
WEILER HOHENHOLZ
KÖNIGSHOVEN
Kasterer See
Eulenturm
Erfttor
Agathator
KASTER
Raststätte Bedburger Land
Raststätte Bedburger Land
BROICH
PÜTZ
AS Bedburg
LIPP
Schloss
BEDBURG
MILLENDORF
Pützer Bach
BELMENER HÖFE
OPPENDORF
SCHUNKENHOF
Peringsmaar
BLERICHEN
NTROISDORF
GUT ETGENDORF
KIRCHTROISDORF
GLESCH
KIRDORF
Finkelbach
Sport

Tafel 4 - Bürgergermeisterei-Karte

[→ I, 1, 7; II, 2; IV, 5, 8; V, 3–5]

Generalkarte der Bürgermeisterei Kaster 1821 (1:17 000)
Verkleinerung, Originalmaßstab (1:10 000)
Aufgenommen durch Kataster-Geometer Harkort
(GStA PK Karten, Allgemeine Kartensammlung C 50094)

ISBN 978-3-412-50896-8

Regierungsbezirk
CÖLLN
Kreis Bergheim
GENERAL CHARTE
der
Bürgermeisterey Caster
aufgenommen im Jahr 1821 durch den Cadaster-Geometer Harkort
BÜRGERMEISTEREI FRIMMERSDORF
KOENIGSHOVEN
BÜRGERMEISTEREI
BÜRGERMEISTEREI BEDBURG
BÜRGERM
Section A Epprath
Section B Zollhaus
Zollhaus
Section Caster
CASTER
Sect: Ohmagen
Ohmagen
Section Hohenholz
Hohenholz
Section Heiligenhaus
Daseshof

Section Millen
Lipp
Millendorf
Section Bretzlenberg
Schunkenhof
Elgendorf
Section Elgendorf
Kahrstraße
Bürgermeisterei Pütz
Bürgermeisterei
Bürgerm: Esch
Maßstab von 600 Ruthen.
Kataster_Karte Nr. 4
Ober-Bau-Dep. Archiv.

Tafel 5 - Vogelschauplan

Kaart van de strijd in het hertogdom Gulik 1614
(Vogelschauplan der Auseinandersetzungen im jülich-klevischen Erbfolgestreit)
Vergrößerter Ausschnitt (Originalgröße 321 x 632 mm)
Kupferstich von Nicolaes van Geelkercken
(Rijksmuseum Amsterdam RP-P-OB-80.791)

ISBN 978-3-412-50896-8

Coln
Bedtbur
Greve
Zons
Ordenbach

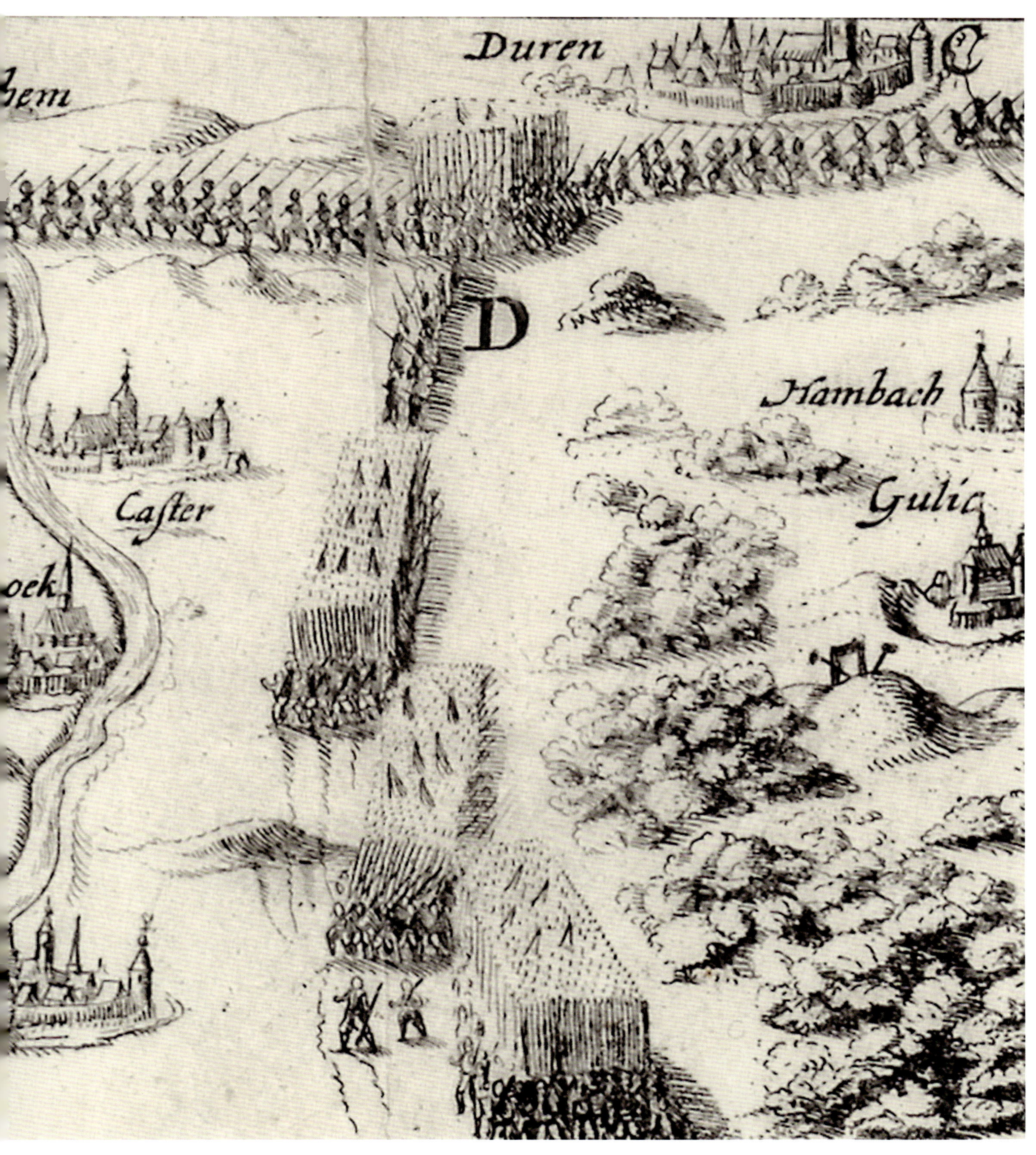
Duren
C
D
Hambach
Gulic
Caster

Tafel 6 - Ämterkarte

[→ II, 2; III, 9]

Amt und Stadt Kaster um 1720
Aus: Historisch-topographische Beschreibung des Fürstenthums Jülich von Johann Franz von Welser (Codex Welser), S. 30, 1723
(Bayerische Staatsbibliothek München, BSB-Hss Cgm 2635, urn:nbn:de:bvb:12-bsb00034655-3)

ISBN 978-3-412-50896-8

Erckelentz.
Herrschafft
bezahlt nicht nach
der Matricul.
Ambt Caster
und Statt.
bezahlt von 1000. rthl.
pro quota. 92. rthl. 30. alb

Tafel 7 - Grundrissplan

[→ I, 1, 9; II, 2–3, 5]

Grundriss von der vor der Stadt befindlichen Situation am Erftfluss (1755) (ca. 1:1 900)
Vergrößerung, Originalmaßstab ca. 1:3 200
(LAV NRW R AA 0032 Jülich-Berg R Kaster 00135)

Transkription der Kartenerläuterung

Grundriss Litter A,
Der vor dem Städlein Caster befindlicher Situation
ahn dem Errf Fluss,
Explication,
Nro 1, Erstere brück über den haubt Fluss am stadt thor
2, Mittlere oder Zweijtere brück über die kleine Errf
3, Dritte und Letztere brück an den Cöllnischen Grentzen,
4, als weith binnen dem Städtlein daß pflaster
new verfertiget werden müßte,
5, die new herzustellende Dämme,
6, daß Churfürstl. thor genennt,
7, Churfürstl. Cammer mühl,

ISBN 978-3-412-50896-8

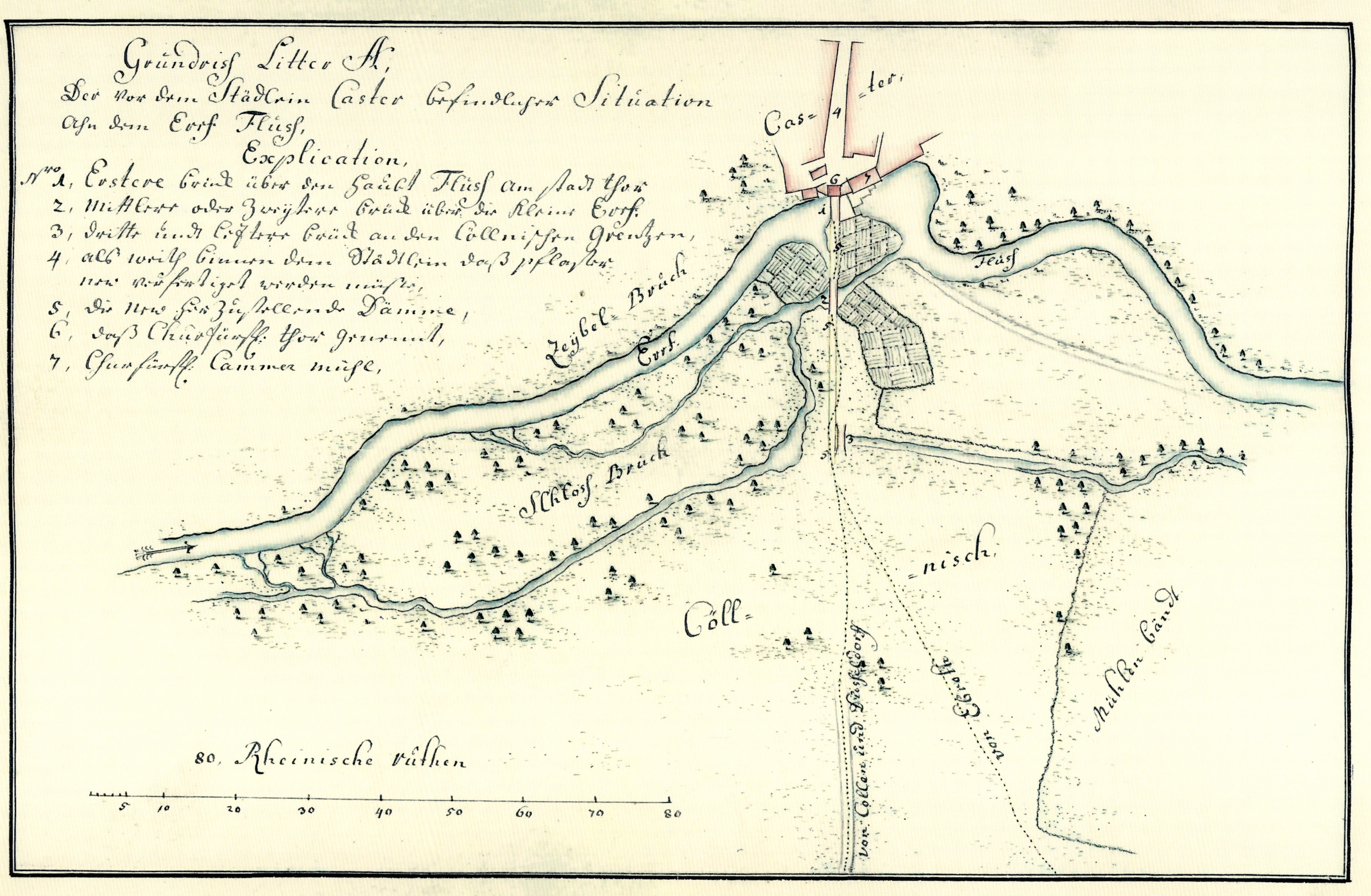
Gründriß Litter A,
Der vor dem Städtlein Caster befindlicher Situation
ahn dem Erff Flüß,
Explication,
No 1, Erstere brück über den haubt Flüß am stadt thor
2, Mittlere oder Zweÿter brück über die kleine Erff.
3, dritte und letzter brück an den Cöllnischen Grentzen,
4, alwo weil binnen dem Städtlein daß pflaster
neu verfertiget werden müste,
5, die neu her Zu stellende Dämme,
6, daß Churfürstl. thor
7, Churfürstl. Cammer mühle,
Cas- -ter
Erff
Zeÿbel- Bruch
Erff
Schloß Bruch
Cöll- -nisch
von Cöllen und Düsseldorff
Mühlen
80, Rheinische ruthen
5 10 20 30 40 50 60 70 80

Tafel 8 - Stadtansicht

[→ II, 3; IV, 1]

Ansicht Kaster von Nordosten um 1725/30
Schloss, Ort und Umgebung
Federzeichnung von Renier Roidkin
(LVR-Amt für Denkmalpflege im Rheinland, Graphische Sammlung)

ISBN 978-3-412-50896-8

Vue du Chateau de Caster

Tafel 9 - Stadtansicht, Tore

[→ II, 2–3; IV, 1]

1) Ansicht Kaster von Nordwesten 1893
Burgruine, Kirche und Kellnerei
Zeichnung
(LVR-Amt für Denkmalpflege im Rheinland, Planarchiv)

2) St. Agathator von Süden (Feldseite) 1893
Zeichnung
(LVR-Amt für Denkmalpflege im Rheinland, Planarchiv)

3) Erfttor von Süden (Stadtseite) 1893
Zeichnung
(LVR-Amt für Denkmalpflege im Rheinland, Planarchiv)

ISBN 978-3-412-50896-8

A
1893

S. Agathathor

1

2

3